GU RATGEBER KINDER

KLAUS KOLB · FRANK MILTNER

Leichter lernen
mit Köpfchen und Spaß

- Spielerisch die Lust am Lernen wecken
- Gedächtnis, Konzentration & Intelligenz fördern
- Mit Test: Welcher Lerntyp ist Ihr Kind?

G|U

Inhalt

Ein Wort zuvor

Die ersten Schuljahre eines Kindes sind für die ganze Familie eine äußerst spannende Zeit. So viel Neues erwartet Ihr Kind jetzt: Es muss sich mit Mitschülern und Lehrern arrangieren, still sitzen und Hausaufgaben erledigen. Plötzlich steht der Leistungsgedanke im Vordergrund. Das Kind bekommt Noten, muss Fragen beantworten, statt sie zu stellen. Die Entscheidung für eine weiterführende Schulart verursacht schon früh weiteren Druck.

Nicht jedes Kind wird damit fertig: Lernblockaden wie Konzentrations- und Motivationsprobleme sind für viele bereits in den ersten Schuljahren eine Last. Die Freude am Lernen, die jedes Kind in sich trägt, wird erstickt, stirbt bisweilen völlig ab. Eine Viertelmillion Schüler und Schülerinnen bleiben jährlich sitzen, etwa vier Millionen erhalten zum Halbjahreszeugnis den blauen Brief: »Versetzung gefährdet«. Dass das Schulsystem daran einen erheblichen Anteil hat, wurde durch PISA nachdrücklich gezeigt.

Aber niemand lernt nur in der Schule. Vorbilder in der Familie und unter Freunden sind für Kinder oft viel wichtiger. Sie als Eltern können Ihr Kind motivieren, mit Spaß und Freude in die Schule zu gehen, Lust und Leistung miteinander zu verbinden. Die Fähigkeit dazu hat es: Warum sonst merken sich manche Erstklässler in ihrer Freizeit mit größter Freude 100 Namen von Fantasiewesen wie den Pokémons, gehen aber in der Schule beim Lesen und Lernen durch die Hölle?

Dieses Buch möchte Sie unterstützen, wenn Sie Ihrem Kind in der Zeit von der ersten bis etwa zur sechsten Schulklasse helfen, das Lernen zu lernen. Es geht uns dabei nicht um das Was, sondern um das Wie: Sie finden in diesem Buch keine Rechen- und Grammatikregeln, sondern erfahren, wie leichtes Lernen funktioniert. Sie finden viele Tipps zum richtigen Lernumfeld und Übungen, mit denen Sie gleich loslegen können. Ein Lerntyp-Test erklärt, über welche Sinneskanäle Ihr Kind am besten lernt. Außerdem erfahren Sie, wie Sie Lernblockaden und Konzentrationsprobleme spielerisch beheben sowie Gedächtnis und Wahrnehmung behutsam fördern können.

Dieses Buch will Ihnen das Gefühl geben, am Ende so etwas wie einen Lernführerschein für Eltern erlangt zu haben. Wir wünschen Ihnen und Ihrem Kind dabei vor allem eines: viel Spaß!

Klaus Kolb
Frank Miltner

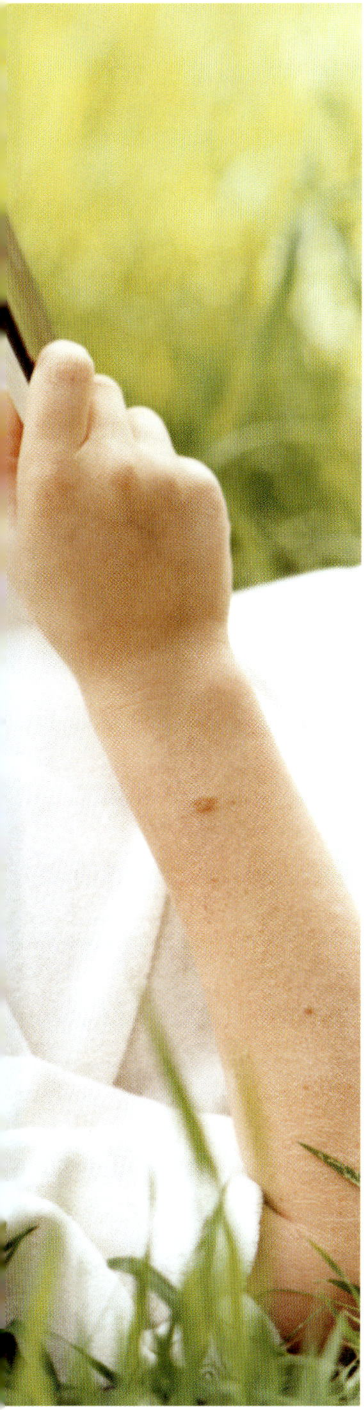

Lernen – so funktioniert's

Lesen, Schreiben und Rechnen lernen – warum fällt das manchen Kindern scheinbar zu, und andere kämpfen sich durch die Schulzeit? Ab wann beginnt ein Kind eigentlich zu lernen? Können Eltern in irgendeiner Form den Grundstein für erfolgreiches Lernen legen? Antworten auf diese Fragen finden Sie im folgenden Kapitel.
Sie erfahren auch, wie das Gehirn eines Kindes überhaupt funktioniert und wodurch seine Entwicklung beeinflusst wird. Und warum man sich an manches sehr lebhaft erinnert, an anderes beim besten Willen gar nicht mehr.

Wie lernt Ihr Kind?

Sie leben mit Ihrem Kind zusammen – von Anfang an. Dabei sind Sie Spezialisten für die Beziehung zu ihm geworden: Sie kennen besser als jeder andere die Besonderheiten Ihres Kindes, seine Gefühle, die Art der Kommunikation mit ihm. Sie verstehen Ihr Kind.

Eltern sind gefordert

Darüber hinaus aber brauchen Sie als wichtigste Bezugsperson heute auch ein ziemliches Maß an Wissen. Angesichts dessen ist es schon erstaunlich, dass es kaum »Nachhilfeunterricht« für Eltern gibt. Dabei grenzt es praktisch an einen zweiten Beruf, Mutter oder Vater zu sein.

Lernen – mit Herz und Hirn

Geist, Gemeinschaft und Gefühl – das sind die drei wichtigen Fundamente, auf denen eine starke Persönlichkeit wächst. Was heißt das eigentlich genau?

- Mit dem Geist sind die geistigen, intellektuellen Fähigkeiten gemeint, also etwa Kombinations- und Problemlösungsfähigkeit, Gedächtnis, Konzentrationsvermögen und Wahrnehmung.
- Gemeinschaft steht für die soziale Kompetenz, also die Fähigkeit, mit anderen umzugehen, sich in einer Gruppe von Menschen zurechtzufinden.
- Die dritte Säule, das Gefühl, steht für die Emotionen, die ein Kind erfährt und ausdrückt, und seine Fähigkeit, mit ihnen umzugehen.

Eine stabile Gefühlswelt ist zum Beispiel für das Selbstvertrauen eines Kindes wichtig. In der Vorschulzeit stehen Sie als Eltern in der großen Verantwortung, diese Fundamente zu bauen. Mit dem Eintritt Ihres Kindes in die Schule teilen Sie sich diese Aufgabe mit den Lehrern.

Bleiben Sie immer am Ball

Aber vergessen Sie nie: Sie geben Ihre Verantwortung nicht ab! In diesem Ratgeber liegt der Schwerpunkt auf den geistigen Fähigkeiten. Wir wollen Ihnen als Eltern zeigen, wie Sie bei Ihrem Kind eine stabile geistige Grundlage schaffen können.

Sie als Eltern wissen: Kinder lernen von Anfang an. Und trotzdem ist es ein wichtiger Schritt, wenn ein Kind in die Schule kommt. Das spielerisch-zufällige Lernen und Erforschen der Umwelt wird nun mehr und mehr abgelöst vom gezielten, effektiven Lernen vorgegebener Inhalte.

Schule – ein Abenteuer wie das Autofahren

Alles neu – alles ganz anders

Was erwartet Ihr Kind aber nun eigentlich in der Schule? Mit welchen neuen Anforderungen muss es hier fertig werden? Stellen Sie sich vor, Sie müssten (noch einmal) das Autofahren erlernen. Der Fahrlehrer erklärt Ihnen die Verkehrsregeln, setzt sich kurz zu Ihnen ins Auto und zeigt Ihnen die Pedale, die Schaltung, die Armaturen. Dann überreicht er Ihnen den Zündschlüssel, wünscht Ihnen viel Spaß bei der ersten Fahrstunde – und lässt Sie allein. Was tun Sie jetzt?

1. Sie setzen sich ins Auto, testen alles aus und schauen, ob Sie im Verkehr zurechtkommen. Das erfordert Zeit und ist gefährlich.
2. Sie lassen alles stehen und liegen und entscheiden sich, das Autofahren doch sein zu lassen.
3. Sie beschweren sich beim Fahrlehrer. Er kontert, er habe leider nicht mehr Zeit, weil er zu viele Schüler hat, und das Nötige sei ja erklärt.
4. Sie fragen einen Bekannten, einen erfahrenen Autofahrer, ob er mit Ihnen übt und Ihnen Tipps für schwierige Situationen gibt.

Lassen Sie Ihr Kind nicht im Stich!

Bleiben Sie aufmerksam für die kleinen Alltagswunder.

Traurig, aber wahr. Viele unserer Schüler sehen sich wenigstens zeitweise in der Situation eines allein gelassenen Fahrschülers: Man erklärt ihnen, was sie zu lernen haben, aber viel seltener übt man mit ihnen, wie es tatsächlich geht. Auf Dauer kann das gravierende Folgen haben: Kinder lavieren sich durch die Schule, resignieren, bekommen Ärger mit den Lehrern …

Begleiten Sie Ihr Kind

Stehen Sie Ihrem Kind daher zur Seite, seien Sie wachsam, geben Sie ihm die Hilfe, die es braucht. Es bleibt Ihnen nichts anderes übrig: Sie sind es, die die Lücken schließen müssen, die unser Schulsystem nicht füllen kann – und auch nicht rund um die Uhr füllen muss.

Lernen beginnt nicht erst in der Schule

Der Eintritt in die Schule ist ein wichtiger Schritt im Leben eines Kindes – und für die ganze Familie. Natürlich beginnt Ihr Kind nicht erst in diesem Moment zu lernen. Es hat ja bereits viele Fertigkeiten erworben: Es kann laufen, sprechen, Fußball spielen, seinen Namen schreiben, die Schuhe binden …

Mit dem Schulbeginn setzt ein Kind nun seine Fähigkeiten in einem neuen Umfeld ein: im Unterricht, der standardisierten Lernstoff vermittelt. Alle müssen hier dasselbe tun und können. Ein Kind, das schon sehr gut im Rechnen ist, hat ebenso viele Mathestunden wie eines, das noch ganz am Anfang steht. Individuelle Förderung wird angestrebt, ist aber kaum realisierbar. Mit der Zeit erhält so die kindliche Lernbegeisterung einen Dämpfer.

Neue Herausforderungen

Bald ist nur noch von »Büffeln«, »Pauken« und »Penne« die Rede. Dabei ist es absurd, dass Lernen oft ein so negatives Image hat, denn gerade bei Kindern, besonders im Kindergarten- und Grundschulalter, ist das Lernen ein natürlicher Trieb, dem sie von selbst folgen. Wir Menschen sind in diesem Alter darauf programmiert, das zu trainieren, was uns über andere Lebewesen erhebt: den Intellekt. Gesunde Kinder haben also keine inneren Lernbremsen, diese kommen immer von außen, entstehen etwa in der Schule, im Elternhaus oder im Freundeskreis.

Schulanfang – jetzt beginnt eine aufregende Zeit.

So schnell lernt ein Kind …

Wenn Sie mehrere Kinder haben, kennen Sie sicher Situationen wie diese: Marie und Lea, sechs und neun Jahre alt, werden gebeten, am nächsten Tag ihre Turnsachen in die Schule mitzubringen. Sie sollen diese Gedächtnisaufgabe allein lösen. Die neunjährige Lea weiß sich zu helfen. Sie legt den Turnbeutel neben den Ranzen, den sie sowieso jeden Tag mitnimmt. Marie bemüht sich, an ihre Turnsachen zu denken – und vergisst sie prompt.

Auch das Lernen will gelernt sein

Was ist der Unterschied zwischen Marie und Lea? Die Neunjährige wendet bereits eine Lernstrategie an: Sie baut sich eine Eselsbrücke. Die Sechsjährige kennt diesen Lösungsweg noch nicht und vergisst deshalb ihre Sachen. Aber sie lernt von ihrer Schwester. Vor der nächsten Turnstunde macht sie es wie Lea und legt am Vorabend ihr Sportzeug neben den Ranzen oder auf ihren Stuhl am Frühstückstisch. Marie hat nicht nur verstanden, was sie lernen soll. Sie weiß nun auch, wie das geht. Sie hat also in diesem Punkt einen Entwicklungssprung von drei Jahren gemacht, nämlich auf das Niveau ihrer großen Schwester.

WICHTIG

Mehr zur PISA-Studie

Die im Jahr 2000 durchgeführte PISA-Studie sorgte für viel Wirbel. Aber was genau bedeutet diese Studie, wer wurde getestet und worin? PISA (Programme for International Student Assessment) ist ein Leistungsvergleich von 180 000 Schülern aus 32 Industriestaaten. Es wurden Lesekompetenz, mathematische und naturwissenschaftliche Grundbildung geprüft. Mit einem erschreckenden Ergebnis für Deutschland: Deutsche Schüler lagen in allen drei Bereichen klar unter dem Durchschnitt.

Lernen kann so einfach sein

Geben Sie Ihrem Kind die Chancen, die es verdient!

Über viele Generationen wurden Kinder unterschätzt. Weil sie etwas noch nicht allein konnten, hat man sie nicht herausgefordert. Nachdem Kinder jahrzehntelang weiter nach den pädagogischen Methoden des frühen 20. Jahrhunderts unterrichtet wurden, werden nun langsam neue Erkenntnisse der Biologie und Psychologie im Unterricht berücksichtigt. Und diese sagen: Kinder können mehr, als Erwachsene ihnen gemeinhin zutrauen. Man weiß heute, dass schon Kleinkinder verblüffende intellektuelle Leistungen vollbringen.
Zum Beispiel in der Physik: Kinder begreifen, dass ein Körper nur schwimmt, wenn er leichter ist als Wasser; ein Papierschiffchen bleibt an der Oberfläche, ein Stein geht unter.

Früh übt sich …

Ein anderes Beispiel ist der Umgang mit Fremdsprachen: Jahrzehntelang wurden unsere Kinder mit fremden Sprachen erst in der fünften Klasse, etwa im elften Lebensjahr, konfrontiert. Immer häufiger wird empfohlen, Kinder bereits mit etwa drei Jahren an den Gebrauch einer zweiten Sprache heranzuführen – und es gibt immer mehr Kindergärten, in denen man spielerisch stundenweise auch mal Englisch spricht und singt.

Gebrauchsanweisung für das Gehirn

Das Gehirn ist ein Energiebündel

Lernen findet im Gehirn statt. Dieses Organ macht etwa 2 Prozent unseres Körpergewichts aus, verbraucht aber ungefähr 20 Prozent der Energie des Körpers. Schon das macht deutlich: Wir haben ein Hochleistungsorgan im Kopf. Es besteht aus mehr als 100 Milliarden Nervenzellen, von denen etwa ein Fünftel im Großhirn liegt. Jede Nervenzelle des Großhirns hat Verbindungen mit bis zu 10 000 anderen. Insgesamt ergibt sich so die kaum vorstellbare Zahl von etwa 100 Billiarden Verknüpfungen. Und die Basis für unser Wissen sind ebendiese Verbindungen der Zellen untereinander – die Informationen sind nicht etwa in den Nervenzellen gespeichert.

Nur was gebraucht wird, bleibt

Ein Neugeborenes kommt bereits mit der gleichen Zahl Nervenzellen auf die Welt, wie sie ein Erwachsener besitzt. Dennoch ist sein Gehirn nur etwa halb so groß. Das Größenwachstum entsteht durch die Verknüpfungen der Nervenzellen, die bis zur Pubertät immer mehr werden. Vor allem in den ersten zwei bis drei Lebensjahren wuchern sie regelrecht! Danach, bis zur Pubertät, festigen sie sich – oder gehen zugrunde, weil sie nicht beansprucht werden.

»Use it or lose it«, sagen die Amerikaner, gebrauche deine Zellverbindungen oder verliere sie. Vereinfacht ausgedrückt: Je abwechslungsreicher und stimulierender die Umgebung ist, in der das Kind aufwächst, umso besser entwickelt sich auch die »Hardware« des Lernens, das Gehirn. Und umso leichter fällt einem Kind später das Rechnen, Malen oder Klavierspielen. Diese biologische Tatsache der menschlichen Gehirnentwicklung verdeutlicht, in welcher Verantwortung Sie als Eltern stehen, die natürliche Entwicklung Ihrer Kinder zu fördern.

Kinder stellen die Welt in Frage – von Anfang an

Interessiert sind schon die Kleinsten

Kinder suchen Tag für Tag nach neuen Herausforderungen. Sie wollen die Welt entdecken und ihre Fähigkeiten austesten. Das beginnt schon beim Neugeborenen. Das Gehirn ist ein aktives System, darauf programmiert, ständig Fragen an die Umwelt zu stellen. Besonders intensiv ist dieser Prozess im Alter zwischen drei und etwa zehn Jahren. In dieser Zeit will das Gehirn unendlich viel aufnehmen.

Frühe Entscheidung: Alle Nervenverbindungen nutzen – sonst verkümmern sie.

Durchschnittlich alle 90 Minuten lernt ein Kind heutzutage ein neues Wort. Und bei jedem Wort verändern sich die Strukturen des Gehirns. So formt sich über Jahre hinweg ein einzigartiges System aus Nerven und deren Verbindungen im Kopf eines jeden Kindes. Folgendes Bild verdeutlicht dieses Prinzip: Stellen Sie sich ein Schienennetz vor. Im Kleinkindalter werden die Schienen verlegt, im Grundschulalter dann von Zügen befahren. Das Stellwerk Schule entscheidet mit, welche Strecken öfter, welche weniger häufig benutzt werden. Nach der Pubertät kommen kaum neue Strecken hinzu. Doch je mehr kleine Nebenstrecken von vornherein angelegt wurden, umso mehr Möglichkeiten haben Züge, eine Strecke von A nach B zurückzulegen, sprich: Umso mehr Möglichkeiten findet das Kind, ein Problem zu lösen.

Wunderwerk Gedächtnis

Wie das Merken funktioniert

Einprägen und Erinnern sind zwei zentrale Prozesse beim Lernen. Der Speicher, in dem wir Wissen ablegen und aus dem wir es wieder abrufen, ist das Gedächtnis. Aber es ist keineswegs eine leere Schublade, die einfach nur gefüllt werden muss. Vielmehr gibt es viele unterschiedliche Wege, auf denen Wissen ins Gedächtnis gelangt, zahlreiche Mechanismen sind daran beteiligt. Und schließlich existieren auch noch verschiedene Gedächtnisformen.

Neues aus der Neurodidaktik

Die Erkenntnisse der modernen Biologie, besonders der Neurobiologie, fließen heute stärker in die Lernpraxis mit ein. Man nennt diese Disziplin Neurodidaktik. Sie untersucht Entwicklung und Arbeitsweise unseres Gehirns. Auf diesem Gebiet wurden in den vergangenen zwei Jahrzehnten neue, auch für das Lernen wichtige Erkenntnisse gewonnen. Zum Teil bestätigen sie altbewährte Lernmethoden, zum Teil stellen sie eingeschliffene Strukturen stark in Frage.

Zu den interessantesten Entdeckungen gehören die Lernfenster, Phasen der Entwicklung, in denen Kinder besonders empfänglich sind für das Erlernen von Fähigkeiten. Das Fenster für die Emotionalität – also die Fähigkeit eines Kindes, mit seinen Gefühlen und denen der anderen umzugehen – öffnet sich bereits im Mutterleib und bleibt bis zur Pubertät offen. Oder wer sich zum Beispiel im Alter zwischen 3 und 10 Jahren intensiv mit Musik beschäftigt, wird auch später einfacher ein Instrument lernen. Ähnliches gilt für Fremdsprachen. Das Lernfenster hierfür öffnet sich bereits im Säuglings- und Kleinkindalter und hat sich nach der Grundschule schon wieder geschlossen.

Einige Bundesländer bieten daher Fremdsprachen bereits ab der dritten Klasse an. Baden-Württemberg ist das erste Bundesland, das noch einen Schritt weitergeht – und ab dem Schuljahr 2003 bereits in der ersten Klasse eine Fremdsprache (Englisch oder Französisch) flächendeckend einführt. Eine andere, äußerst wichtige Erkenntnis der Neurodidaktik ist die Tatsache, dass jedes Kind aufgrund seiner individuellen Gehirnstruktur ganz eigene Talente und Fähigkeiten besitzt. Neurodidaktiker warnen daher vor zu viel Gleichmacherei in unseren Schulen.

Kurz- und Langzeitgedächtnis

Das Gedächtnis besteht im Wesentlichen aus drei Bereichen mit unterschiedlichen Funktionen: dem Ultrakurzzeit-, dem Kurzzeit- und dem Langzeitgedächtnis. Wir alle kennen das: Wenn man eine unbekannte Telefonnummer hört, kann man diese vielleicht gerade noch so lange behalten, bis man die Ziffern auf einen Zettel geschrieben hat – hier greift das Ultrakurzzeitgedächtnis.

Merken – über kurz oder lang

Das Kurzzeitgedächtnis ist gefordert, wenn Sie sich für ein, zwei Stunden eine Einkaufsliste merken. Das meiste darauf haben Sie kurz nach dem Einkauf schon wieder vergessen, spätestens am nächsten Tag. Erst wenn Sie eine Telefonnummer zwei-, drei-, viermal gewählt, also mehrmals wiederholt haben, verankert sich die Nummer für längere Zeit – sie ist dann im Langzeitgedächtnis abgespeichert.

Testen Sie sich selbst – mit der Zahlenpyramide

Dieser Test misst die Kapazität Ihres Ultrakurzzeitgedächtnisses: Schauen Sie sich in der Grafik rechts immer eine Zeile mit Ziffern höchstens eine Sekunde lang an, den Rest abdecken. Beginnen Sie mit der obersten Zeile. Decken Sie sie dann schnell zu und schreiben Sie die Ziffern in der richtigen Reihenfolge auf. Tun Sie das Zeile für Zeile. Wann stoßen Sie an Ihre Grenze und machen den ersten Fehler?

2 8 9
3 9 6 1
1 3 9 4 6
2 5 8 9 3 6
7 1 9 3 8 2 4
3 9 1 6 4 2 0 5
4 9 2 7 5 6 1 0 3
8 6 7 0 2 3 1 9 5 4

Zeile für Zeile: Die Zahlenpyramide testet Ihr Gedächtnis.

Auswertung

Gut gemerkt?

Wie war's? Konnten Sie sich sieben Ziffern noch merken? Dann liegen Sie im Schnitt eines Erwachsenen. Sind Sie schon bei fünf gescheitert, sollten Sie den Test später wiederholen. Geht es auch dann nicht besser, sollten Sie Ihr Gedächtnis trainieren (Literaturtipps siehe Seite 124). Sie können diesen Test auch als Spiel mit Ihrem Kind machen: Sechs- bis Achtjährige sollten sich vier bis fünf Ziffern merken können, Neun- bis Elfjährige sollten sechs Ziffern bewältigen, ältere Kinder haben schon die Kapazität eines Erwachsenen, also sieben Ziffern.

Der Weg vom Kurz- ins Langzeitgedächtnis

Der Schlüssel zum langfristigen Einprägen ist das Verankern der Inhalte aus dem Kurzzeitgedächtnis im Langzeitgedächtnis. Wie lange das Gedächtnis etwas speichert, hängt dabei von verschiedenen Faktoren ab. Hier einige wichtige:

- Mit welchen Emotionen steht das neu Gelernte in Verbindung? Hat Ihr Kind zum Beispiel Freude am Singen, wird es sich ein gesungenes Alphabet besser merken als das emotionslose, gleichförmige Aufsagen der 26 Buchstaben.
- Wie stark konzentriert sich der Lernende auf den Sachverhalt? Ist Ihr Kind durch andere Gedanken oder Ereignisse abgelenkt, wird es sich kaum auf den Lernstoff konzentrieren können (siehe ab Seite 74).

- Wie vielfältig nimmt man das Gelernte auf? Ein Kind wird sicher bessser verstehen, wie ein Staubsauger funktioniert, wenn es mal die Knöpfe gedrückt und den Beutel gewechselt hat (siehe rechte Seite).
- Wie oft wird das Gelernte wiederholt? Wiederholen ist besonders kurz nach der ersten Aufnahme sinnvoll. Als Wiederholungsübung machen Hausaufgaben (siehe Seite 59) also durchaus Sinn. Das einige Stunden zuvor Gelernte prägt sich dadurch bedeutend besser ein.

Gefühle, Erfahrungen, Informationen – woher kommt »Wissen«?

Unser Gehirn ist ein Lexikon, das sich selber schreibt. Es vergleicht ständig Reize der Außenwelt, die von den Sinnesorganen empfangen werden, mit vorhandenen Inhalten, mit bekannten Fakten, Erfahrungen und Erlebnissen. Aus Informationen wird erst dann Wissen, wenn Ihr Kind Zusammenhänge erkennt. Erinnert ein neuer Sinneseindruck an etwas Bekanntes, aktiviert das Gehirn alle damit in Verbindung stehenden Nervennetze und baut das Neue ein. Es hat gelernt. Lernen ist also ein Prozess, der immer dynamischer und schneller werden kann, wenn die richtigen Reize geboten werden. Je besser man etwas kann, umso schneller kommt man voran, umso perfekter wird man. Wer eine Fremdsprache beherrscht, wird die zweite leichter lernen, wer zwei Fremdsprachen kann, wird sich eine dritte noch schneller aneignen, jede weitere lernt sich bei entsprechender Motivation und richtigen Strategien fast von selbst. In den skandinavischen Ländern hat man das bereits erkannt: Dort lernen viele Kinder schon die dritte Fremdsprache, wenn sie in die fünfte Klasse kommen.

Lernen wird immer leichter

Lernen braucht Erleben

In Bildern denkt sich's besser

Für ein Kind, das noch nie beim Friseur war, wird sich der Begriff mit seiner Bedeutung nur schwer erschließen. Er bleibt abstrakt, da noch nie erlebt oder gesehen. Das Kind kann keine Verbindung zum Netzwerk bekannter Wissensinhalte knüpfen. Wenn Sie ihm aber erklären, dass ein Friseur Haare abschneidet und die der Mama auch färbt, wird der Begriff zum Teil seiner konkreten Welt, nämlich »Haare schneiden« und »Mamas rote Haare«. Beides kennt das Kind. Es kann »Friseur« in sein bereits vorhandenes Wissensnetzwerk integrieren. Nicht umsonst nennen Psychologen diesen Vorgang das »sinnvolle Lernen«. Wir alle wissen, dass abstrakte Begriffe für Kinder schwer zu verstehen sind. Die wichtige Botschaft ist: Es lohnt sich, sie geduldig zu erklären, mit Bekanntem zu vergleichen (man sagt: Analogien einsetzen) und in Zusammenhänge zu stellen. Das gilt übrigens nicht nur für neue Begriffe, sondern auch für Erlebtes. Ein typisches Beispiel ist, wenn das Kind erstmals mit dem Tod einer bekannten Person konfrontiert wird. Plötzlich ist die Oma nicht mehr da. Machen Sie auch solche Themen nicht zum Tabu. Sprechen Sie mit Ihrem Kind darüber und versuchen Sie, alle offenen Fragen zu klären.

WICHTIG

Lernen: Ein »Rundumprogramm«

Wir behalten etwa ...

- 10 Prozent von dem, was wir lesen
- 20 Prozent von dem, was wir hören
- 30 Prozent von dem, was wir sehen
- 70 Prozent von dem, was wir sehen und hören oder was wir selbst sagen
- 90 Prozent von dem, was wir selbst tun.

Lernen mit allen Sinnen

Musizieren, zeichnen, spielen – so lernen Kinder leichter.

Es lernt sich leichter, wenn möglichst viele Sinnesorgane angesprochen werden, wenn also die Wege über Sehen, Hören, Fühlen, Schmecken und Riechen ins Gedächtnis führen. So verankern sich Inhalte gleich über mehrere Knotenpunkte in unserem Netzwerk Gedächtnis. Für das spätere Erinnern hat das Kind dann mehrere Eindrücke im Kopf, die als Anfangspunkt einer Erinnerung dienen können.

Wissen zum Anfassen

Im Grundschulalter lernen Kinder am meisten über Gemüse, indem sie ein Gemüsebeet anlegen, die Pflanzen pflegen, ernten, zubereiten und verzehren. Die rein sprachliche Erklärung ist in diesem Alter völlig unzureichend, besser ist es da schon, Gemüse zu malen, welches im Unterricht gezeigt zu bekommen, es anzufassen, daran zu riechen. Die ideale

Ergänzung zu diesem schulischen Unterricht findet aber erst zu Hause statt: entweder im heimischen Gemüsegarten oder – falls dieser fehlt – durch den Besuch bei einem Gärtner, durch den gemeinsamen Einkauf von Gemüse und die Zubereitung in der Küche.
Dass dieses ganzheitliche Erfahren auch mit eher »trockenen« Themen wie Zahlen und Rechnen möglich ist, haben Lernprojekte bereits im Kindergarten gezeigt: Wenn die Kinder dort einmal pro Woche für eine Stunde Gelegenheit haben, Geschichten zu Zahlen zu erfinden, auf aufgemalten Zahlen herumzuhüpfen und sie abzuschreiten, beherrschen sie bereits nach zehn Wochen die wesentlichen Aspekte der Zahlen, für die in den Lehrplänen der Schule ein großer Teil des ersten Schuljahres vorgesehen ist.

Begreifen und erleben

Das Gefühl für Zahlen kann auch auf ganz praktische Art vermittelt werden. Wie würden Sie Ihrem sechsjährigen Kind erklären, dass das Verhältnis der Zahlen 2 und 4 zueinander ein ganz anderes ist als das der Zahl 4 zur Zahl 6? Obwohl doch immer nur zwei Zahlen dazwischen liegen, ist das Verhältnis natürlich verschieden. Versuchen Sie das mal einem Sechsjährigen abstrakt zu erklären! Mit einem Sinnestrick geht das jedoch recht gut: Mischen Sie zwei Schnapsgläser (oder Eierbecher) Zitronensaft mit vier Gläsern Orangensaft. Das kann man noch trinken. Mischen Sie aber vier Gläser Zitronen- mit sechs Gläsern Orangensaft, ist die Mischung viel zu sauer.

Die ganz individuellen Talente Ihres Kindes fördern – da sind Sie als Eltern gefragt!

Jedes Kind hat bereits beim Eintritt in die Schule eine ganz eigene »Gehirnskulptur« im Kopf (siehe auch Seite 13). Anders ausgedrückt: Es hat individuelle Talente und Möglichkeiten, die gefördert werden sollten. Die Schule wird diesem natürlichen Lernprozess kaum gerecht, denn bei Klassengrößen von 20 bis 30 Kindern ist es Lehrern im Unterricht einfach nicht möglich, ausreichend auf das individuelle Vorwissen jedes einzelnen Schülers einzugehen. Stattdessen ist im Unterricht das Lehrplanschema – manchmal sogar ein Allgemeinwissenkatalog – das Maß aller Dinge. Dabei werden die Schüler nur allzu oft mit ihren Schwächen gequält, statt in ihren Fähigkeiten gefördert.

Gelernt wird nicht nur im Unterricht

Als Eltern können Sie hier ausgleichend eingreifen, indem Sie helfen, die Schwächen Ihres Kindes zu erkennen und auszugleichen – und seine Stärken zu fördern. Dabei hilft Ihnen auch der Test ab Seite 31.

TIPP!

Das Mitmach-Museum

Wenn in einem Museum Anfassen nicht verboten ist, hat auch ein Kind mehr davon. Das erste Mitmach-Museum wurde bereits vor 100 Jahren in den USA errichtet, inzwischen gibt es einige Orte in Deutschland, an denen man zum Beispiel ein Herz begehen oder eine Mondlandschaft aus Sand und Knete bauen kann. Drei davon sind das MachMitMuseum in Aurich, das Kindermuseum in Nürnberg und das neue Kinderreich im Deutschen Museum München. Auf den Internetseiten des Bundesverbandes der deutschen Kinder- und Jugendmuseen finden Sie ein Verzeichnis der lerngerechten Museen (Link siehe Seite 125).

Die Macht der Bilder

Immer mehr Museen setzen auf das Motto: Aktiv lernt sich's besser.

Der kleine Josua ist gerade erst zwei Jahre alt. Natürlich kann er noch nicht lesen. Dennoch schreit er während der Autofahrt in einer ihm fremden Gegend: »Ich will Cola. Hier gibt es Cola!« Er erkennt bereits das Markenlogo des Getränks, das sein älterer Bruder so gern trinkt, das er selbst aber noch nicht probieren durfte. Seinen Eltern ist das Schild im Vorbeifahren gar nicht aufgefallen. Aber ihr kleiner Sohn hat es sofort entdeckt.

Für den Menschen – egal welchen Alters – gehören Bilder zu den wichtigsten Wissenssystemen. Das Gedächtnis wird genauso wie das Denken erheblich unterstützt, wenn Bilder im Spiel sind. »Sich ein Bild von etwas zu machen« schafft nicht nur Klarheit, sondern macht das damit verbundene Wissen leichter speicherbar. Bilder prägen sich sehr gut und in großer Zahl ein. Wir denken in Bildern.

Sich ein Bild von etwas machen hilft verstehen

Wenn Sie einen Sachverhalt in lebendigen Worten erklären, erzeugt das Bilder in der Vorstellungswelt Ihres Kindes. Diese braucht Ihr Kind, um zum Beispiel sein räumliches Vorstellungsvermögen zu entwickeln, das auch in der Mathematik eine Rolle spielt. Bildhaftes Denken kann man üben und damit die Kapazität des Gedächtnisses deutlich verbessern. Es spielt daher in diesem Buch eine große Rolle.

Rechts und links – was im Gehirn passiert

Das Großhirn besteht aus zwei Hälften, den so genannten Hemisphären. Zahlreiche Versuche haben gezeigt, dass sie für unterschiedliche Aufgaben verantwortlich sind: In der linken Gehirnhälfte werden sprachliche, begriffliche, arithmetische, analytische und abstrakte Fähigkeiten gesteuert. In der rechten Hemisphäre sind musikalische, geometrische und räumliche Fähigkeiten angesiedelt, außerdem die Fähigkeit, Bilder und Muster zu erkennen.

Zusammenhang zwischen Intellekt und Gefühl

Beide Hemisphären sind durch ein dickes Nervenbündel miteinander verbunden, den so genannten Balken. Über diese Brücke arbeiten beide Hälften stets eng zusammen, so dass man nicht von »Linkshirnler« oder »Rechtshirnler« sprechen kann. Dennoch neigen manche Menschen dazu, die Dinge eher »linkslastig«, also analytisch, andere eher dazu »rechtslastig« – intuitiv – zu erkennen und entsprechend zu handeln. Nicht ohne Grund schreiben die meisten Menschen mit der rechten Hand. Diese wird von der linken Gehirnhälfte gesteuert.

Wichtig: das Miteinander

Man geht davon aus, dass sich Wissen besonders gut im Gedächtnis verankert, wenn beide Gehirnhälften gleichzeitig aktiviert werden: Wer Abstraktes wie Zahlen oder Buchstaben (linke Hirnhälfte) mit Konkretem, zum Beispiel Bildern (rechte Hälfte), verbindet, kann sich das Abstrakte besser merken. Das Bilderalphabet (oder auch Anlauttabelle, siehe Seite 92) ist eine bewährte Methode, Erstklässlern das Alphabet anschaulich zu machen. Das anfangs für das Kind bedeutungslose A ist zum Beispiel durch einen Affen dargestellt, das B durch einen Ball und das C durch einen Clown. Erst die Erinnerung an das bekannte Bild ruft die Form des dazugehörigen Buchstabens wieder ins Bewusstsein.

Die Chemie der Motivation

Was haben Sie am Samstag vor acht Wochen gemacht? Wissen Sie es noch? Sicher nur, wenn etwas Besonderes an diesem Tag geschah, das Sie emotional bewegte: Ihr Geburtstag, der Überraschungsbesuch eines lieben Freundes, ein schöner Abend im Restaurant, der Ausflug an einen besonderen Ort – vielleicht gar ein Lottogewinn?

Positive Emotionen wirken als Lernturbo, denn sie stärken das Einprägen. Das ist seit langem bekannt. Wissenschaftlich bewiesen wurde es erst in den letzten Jahren. Besonders zwei Substanzen, Dopamin und Acetylcholin, machen beim Lernen Lust auf mehr. Sie vermitteln ein

Gefühl der Befriedigung und festigen die Merkverbindungen in unserem Gehirn. Sie sind also der Stoff, aus dem Motivation entsteht.
Die Konsequenz daraus: Es lernt sich am besten, wenn der Stoff einen emotionalen Aspekt hat. Wenn im Mathematikunterricht zum Beispiel zwei von sechs Kindern aus einem »Zahlenbus« steigen – und so die Subtraktion im Rollenspiel lernen –, wird das Wesen dieser Grundrechenart sehr schnell deutlich. Auch eine an sich trockene mathematische oder grammatikalische Regel prägt sich besser ein, wenn man sie in eine spannende Geschichte verpackt.

Angst ist ein schlechter Lehrmeister

Emotionale Höhenflüge helfen also dem Lernen – negative Emotionen wie Angst, Stress oder Trauer sind dagegen regelrechte Lernblocker.

Furchtlos lernt man besser

Auch das lässt sich biologisch erklären: Wenn früher der Rohrstock in der Schule drohte, taten Kinder gut daran, sich schnell ein paar Vokabeln einzuprägen. Für die bessere Note mag es ihnen genutzt haben. Nicht jedoch für dauerhaftes Lernen: In einer Angstsituation bleibt dem Gehirn keine Zeit, das Erlernte sinnvoll in das Gesamtwissen zu integrieren. Sinnvolles Lernen ist nicht möglich.
Aus Sicht der Evolutionsbiologie macht das Sinn: Wenn unsere Ahnen in der afrikanischen Savanne vor einem wilden Tier flüchten mussten, blieb nicht viel Zeit zum Nachdenken – schnelles Reagieren war die einzige Möglichkeit, das nackte Leben zu retten.
Wer jedoch vor Klassenarbeiten flieht, wird zumindest im Schuldasein nicht lange überleben. Wird Angst (akuter Stress) gar zum Dauerzustand, etwa beim täglichen Gang durch das Schultor, erzeugt dies körperliche Reaktionen: Es werden Stresshormone ausgeschüttet, das Herz rast, und langfristig verursacht das gesundheitliche Schäden. Dass dadurch die Motivation der Kinder weiter sinkt, liegt auf der Hand.

Stressfrei macht das Lernen Spaß

Altersgerecht: Wann lernen Kinder wie?

Jedes Kind lernt anders. Und besonders in den ersten Schuljahren verändert sich die Art des Lernens stark. Das Folgende kann daher nur eine ungefähre Orientierung sein. Es soll Ihnen ein Gefühl dafür geben, was ein Kind in welchem Alter etwa können sollte. Mehr Hinweise zur altersgemäßen körperlichen Entwicklung finden Sie auf Seite 69. Das Lernen – gleich ob daheim oder in der Schule – soll immer dem Alter und dem individuellen Entwicklungsstand eines Kindes angepasst sein, denn Über- oder Unterforderung führen sehr schnell zu Frust, und die Motivation schwindet. Es stärkt das Selbstvertrauen Ihres Kindes, wenn die Aufgaben allmählich immer anspruchsvoller werden. So kann es sein Können Stück für Stück erweitern.

Kinder sind kleine Persönlichkeiten

Ihr Kind im 6. und 7. Lebensjahr

In diese Zeit fällt der Schulanfang mit vielfältigen neuen Erfahrungen. Die meisten Kinder erweitern ihren Aktionsradius jetzt stark. Sie unternehmen Streifzüge ohne die Eltern, entdecken allein neue Welten – nicht nur draußen, sondern auch im Bereich des Lernens und Wissens: Ihre Fragen werden konkreter, ihre Interessen vielfältiger. Selbstständiges Ausprobieren und Erforschen ist ein wichtiger Prozess, den Eltern zwar beobachten sollten, aber auf keinen Fall unterbinden dürfen. Genauso wenig darf man ein Kind jetzt sich selbst überlassen. Es braucht noch lange die Hilfe der Eltern.
Sechs- und Siebenjährige sind noch immer sehr impulsiv und handlungsorientiert. Sie wollen

Hoch hinaus – in der Freizeit wie in der Schule.

auf Bäume klettern, einer Puppe oder der Freundin die Haare kämmen, eine Ritterburg zusammenbauen ... Wenn dabei Schwierigkeiten auftauchen, probieren sie herum. Das heißt, sie ziehen ihre Befriedigung und Motivation stärker aus dem reinen Tun, denken noch wenig, wenn auch immer häufiger, ergebnisorientiert, also: »Wenn ich das tue, komme ich so ans Ziel.« Mit abstrakten Sachverhalten tun sie sich noch schwer. Mit der Zeit jedoch lernen sie, das Probieren mehr und mehr durch Nachdenken zu ersetzen.

Die besten Lernstrategien für Schuleinsteiger

So helfen Sie Ihrem Kind am Start

Kinder können sich in diesem Alter noch keine oder wenige Lernstrategien allein ausdenken oder selbstständig anwenden. So werden sie selten von selbst darauf kommen, durch Wiederholung zu lernen oder »Eselsbrücken« zum Einprägen zu nutzen. Sie können diese einfachen Strategien aber erlernen, wenn man sie ihnen kindgerecht beibringt.
Wichtig sind dabei Rituale. Sechs- und Siebenjährige lernen rasch: Ich bewältige die Rechenaufgabe, wenn ich sie mit den Legeplättchen lege. Ich kann mir den Liedtext merken, wenn ich immer die gleichen Bewegungen dazu mache. Ich kann ein Wort besser schreiben, wenn ich es immer auf die gleiche Weise langsam und deutlich spreche.
Kinder können jetzt schon gut unterscheiden, was sie gelernt haben und was nicht. Sie wissen aber noch nicht, dass sie mehr Energie aufwenden müssen, um komplizierte Sachverhalte zu lernen.
Abhängig von Lehrern und Lehrplan-Anforderungen in den einzelnen Bundesländern wird bereits in der zweiten Klasse das Lernen von Fakten betont. Ergebnisorientiertes Lernen tritt also stärker in den Vordergrund und wird zum Teil auch schon mit Noten bewertet.

Das passiert jetzt im Gehirn

Das Gehirn braucht »Nahrung«

Bieten Sie Ihrem Kind eine vielfältige Umwelt: Noch können ungenutzte, in den ersten Lebensjahren angelegte Nervenverbindungen gefestigt und so erhalten werden (siehe ab Seite 12).
Die Kapazität des Kurzzeitgedächtnisses liegt bei etwa fünf Ziffern, das heißt, es sollte Ihrem Kind nicht schwer fallen, sich eine Ziffernfolge wie »8-3-5-1-9« zu merken. Es sollte auch sechs unterschiedlich lange Stäbchen sortieren und sich einige Stunden später noch an ihre Anzahl und Form erinnern können.

Ihr Kind vom 8. bis zum 10. Lebensjahr

Noch immer saugen die Kinder neues Wissen auf wie Schwämme. Dadurch erscheinen ihnen die Dinge aber auch chaotisch, sie müssen neu sortiert werden. Die Anforderungen steigen, gleichzeitig die Erwartungen an die Welt – nicht ohne Vorfreude auf das, was kommt. Sie gebärden sich oft wie kleine Revolutionäre. Als Eltern sollten Sie in dieser Phase geduldig bleiben, müssen aber Grenzen klar definieren.

Die besten Lernstrategien für Grundschüler

Die Welt wird sortiert

Kinder sollten nun selbstständig komplexere Lernstrategien anwenden können, etwa systematische Kriterien finden wie: »Praktisch alle Tiere mit Pelz sind Säugetiere.« Sie sollten Ihrem Kind dabei helfen. Spätestens mit neun müssen Kinder wissen, dass sie sich anstrengen müssen, um komplizierte Sachverhalte zu lernen.
Ging bisher das Lernen meist spielerisch, wird jetzt von den Kindern erwartet, auch gegen innere Widerstände ans Ziel zu kommen: Ist das Wetter auch noch so schön – sie müssen für die morgige Matheprobe lernen. Das Abstraktionsvermögen entwickelt sich rasant. Unterstützen Sie Ihre Kinder beim Austüfteln nützlicher Lernstrategien und -hilfen.

Das passiert jetzt im Gehirn

Mit neun Jahren ist die Kapazität des Kurzzeitgedächtnisses auf 6 Ziffern angewachsen, damit sind die 7 Ziffern, die sich Erwachsene merken, fast schon erreicht (siehe Test Seite 15).

Ihr Kind vom 11. bis zum 13. Lebensjahr

Ihr Kind emanzipiert sich

Diese Zeit vor der Pubertät verläuft häufig erstaunlich ruhig, fast schon gesetzt. Lassen Sie sich aber nicht täuschen, noch immer brodelt es in den Kindern vor Neugierde. Aber sie sind jetzt eben »cool«. Grenzüberschreitungen, positive wie negative, finden nun eher im Verborgenen statt und in der Gruppe. Lassen Sie diese Selbstständigkeit zu, unterstützen Sie das Lernen in der Gruppe. Beobachten Sie aber auch, welche Veränderungen diese Gruppe bei Ihrem Kind verursacht, und greifen Sie ein, wenn sich negative Entwicklungen zeigen.

Die besten Lernstrategien für »große Kinder«

Ab dem zehnten Lebensjahr sollte ein Kind schon Lernstrategien anwenden und auch schon eigene Techniken und Strategien beim Lernen kritisch überprüfen können. Das heißt, es kann selbst entscheiden, ob Musik bei den Hausaufgaben eher ablenkt oder hilft. Es sollte sich Überblick über den Lernstoff verschaffen und ihn einteilen können. Das Abstraktionsvermögen ist schon gut ausgebildet.

Eine Menge Wissen wird jetzt konsumiert

Das ergebnisorientierte Lernen steht jetzt in der Schule eindeutig im Vordergrund: Noten sind wichtig. Als Eltern können Sie das viele Faktenlernen durch praktische Umsetzung unterstützen. Gehen Sie in Technikmuseen, laden Sie einen fremdsprachigen Austauschschüler ein und Ähnliches. Wichtig wird jetzt das Lernen mit den Freunden, etwa bei gemeinsamen Hausaufgaben oder beim Lernen auf Klausuren.

Das passiert jetzt im Gehirn

Die Formung der Gehirnstrukturen kommt jetzt in ihre Endphase. Nutzen Sie diese späten Jahre der Gehirnentwicklung noch aus, indem Sie Ihr Kind zu vielfältigen Aktivitäten anregen.
Die Gedächtnisleistung eines Zehnjährigen beträgt etwa 80 Prozent von der eines Erwachsenen.

Jetzt profitieren Kinder vom Lernen in der Gruppe.

Eltern-Knigge: Das sollten Sie beachten

Sie haben auf den vorhergehenden Seiten einen Überblick darüber gewonnen, wie sich Ihr Kind in der Zeit zwischen Schulbeginn und Pubertät entwickelt. Sie wissen, dass Lernen nicht allein in der Schule stattfindet. Und wie wichtig es ist, dass Sie als Eltern Ihrem Kind helfen, die geistige Ausstattung für sein ganzes weiteres Leben zu erwerben. Wie können Sie als Eltern das erreichen?

Eine Frage der Zeit

Reservieren Sie Ihrem Kind die beste Zeit

Nehmen Sie sich ausreichend Zeit für Ihr Kind. Zum Spielen, Zuhören – und für das gemeinsame Lernen. Im Schnitt lernen deutsche Väter von Kindern im Alter zwischen sechs und zwölf gerade mal zwei Minuten pro Tag mit dem Nachwuchs, Mütter bringen es immerhin auf zehn Minuten. Nicht sehr viel, wenn man sich bewusst macht, wie viel Zeit man mit anderen Aktivitäten, etwa Fernsehen, Lesen, Hobbys oder der Fahrt zur Arbeit verbringt – vielleicht lassen sich hier noch Zeitreserven finden, die Sie Ihrem Kind widmen können?

Ihr Kind braucht eigene Rechte und Pflichten.

Ein Balanceakt: Grenzen zeigen, Freiräume gewähren

Sorgen Sie für Abwechslung, aber auch für Ordnung und Ruhe. Geben Sie Ihrem Kind ausreichend Freiheiten und genug Möglichkeiten, die Welt zu erkunden. Richten Sie aber auch Rituale ein, die für Ihr Kind selbstverständlich sein sollen, etwa feste Zeiten für die Hausaufgaben und das Lernen.

Festhalten – und Loslassen

Fördern Sie Ihr Kind, ohne es zu überfordern. Lassen Sie es Dinge selbstständig tun, auf die es stolz sein kann, lassen Sie es eigene Ideen umsetzen – etwa wenn Ihr Kind bei bestimmten Hausarbeiten hilft oder ein Stück Garten allein pflegt. Helfen Sie, wenn Ihr Kind darum bittet, schreiben Sie ihm aber nicht alles vor.

Das A und O im Familienalltag: Aktiv dabei sein

Selbstständigkeit zulassen

Üben Sie mit Ihrem Kind, Kompromisse einzugehen. Helfen Sie ihm, mit Niederlagen zurechtzukommen und andere zu unterstützen. Stoppen Sie kindliche Hilfsbereitschaft nicht mit: »Lass mal, ich mach das schon«, auch wenn das Kind es noch nicht so gut oder schnell wie Sie schafft. Geben Sie Ihrem Kind das Gefühl: Ich nehme dich ernst und korrigiere dich nicht ständig nach meinen Vorstellungen. Das gibt ihm das Gefühl, etwas Sinnvolles zum Familienleben beizutragen.

Richtig loben – für mehr Erfolg, Selbstbewusstsein und Motivation

Optimismus wird erlernt

Loben Sie Ihr Kind für das, was es kann – und werfen Sie ihm nicht ständig vor, was es noch nicht kann. Das fördert Selbstwertgefühl und Motivation des Kindes. Auch hier gibt es aber individuelle Unterschiede. Ein sehr erfolgsorientiertes Kind wird sich bei Erfolgen sagen: »Ich habe es gekonnt, weil ich mich angestrengt habe.« Und bei Niederlagen: »Wenn ich einen Fehler mache, so ist das nicht schlimm, ich kann was daraus lernen.«
Ein misserfolgsorientiertes Kind denkt ganz anders. Es sieht das Glas eher halb leer als halb voll: »Die Fehler, die ich mache, zeigen, dass ich versagt habe. Gelingt mir doch mal was, liegt es nur daran, dass ich Glück gehabt habe.«

Kommunikation – auch ein Spiel mit Frage und Antwort

Wer nicht fragt, bleibt dumm. Fordern Sie Ihr Kind auf, immer wieder nachzufragen, frei nach dem Motto: Es gibt keine dummen Fragen, nur dumme Antworten. Mit dieser Fragekultur wird Ihr Kind auch in »kritischen Situationen« im Unterricht unbefangen reagieren. Und auch die Mitschüler werden glücklich sein, wenn sich endlich jemand traut, nachzufragen. Wissenslücken später aufzufüllen ist anstrengender, als gleich Fragen zu stellen. Frechheit siegt hier im positiven Sinne.

Miteinander im Gespräch bleiben

Miteinander reden – das ist Familienleben

Reden Sie mit Ihrem Kind: über den Alltag, über Schönes, über seine Erlebnisse und Sorgen. In vielen Familien sitzen die Eltern allabendlich vor dem Fernseher, die Kinder an der Spielekonsole. Das Gespräch miteinander bleibt auf der Strecke. Die Folgen dieser Sprachlosigkeit können gravierende Mängel im Sprechen und Schreiben sein sowie auch Probleme im zwischenmenschlichen Bereich – etwa in der Konfliktbearbeitung und -lösung.

Streicheleinheiten

Vergessen Sie vor lauter Lerneinheiten nicht die Streicheleinheiten. Kinder brauchen Liebe und Zuneigung, dazu gehört auch der körperliche Kontakt, das Kuscheln und Streicheln – selbst wenn sie ab einem gewissen Alter nicht mehr so offensiv ihren Kuschelbedarf zeigen. Aber allein die freundliche Berührung zeigt auch großen Kindern – trotz ernster Worte –, dass es Wichtigeres als den verpatzten Test gibt.

Körpersprache sagt mehr als Worte

Ein guter Draht zwischen Elternhaus und Schule

Arbeiten Sie mit den Lehrern in der Schule zusammen – nicht gegen sie. Suchen Sie konstruktiven Kontakt zu den Lehrkräften: Fragen Sie, wie Sie die Lernziele zu Hause sinnvoll unterstützen können. Reden Sie mit den Lehrern über die individuellen Stärken und Schwächen Ihres Kindes und wie diese zu fördern und auszugleichen sind. Aber beachten Sie auch: Was wirklich in die Schule gehört, muss in der Schule bleiben! Lehrer dürfen auf keinen Fall wichtige Lerninhalte auf die Eltern verlagern, wenn in der Schule scheinbar keine Zeit mehr dafür ist.

Harmonie in der Familie – dann können Kinder auch mit Problemen kommen.

Strategisch lernen kann man lernen

Lernen Sie mit Ihrem Kind nicht nur den Stoff auswendig, sondern erklären Sie ihm die richtigen Strategien zum Lernen, Einprägen und Erinnern. Dazu müssen Sie kein Pädagoge sein, sondern können aus Ihrem eigenen Erfahrungsschatz schöpfen, aus Ihrem gesunden Menschenverstand – und aus den Anregungen dieses Buches.

Fürs Leben lernen – Erfahrungen sammeln

In unserer Wissensgesellschaft fällt es in der Flut von Informationen selbst Erwachsenen immer schwerer, die wirklich wichtigen von den nebensächlichen Dingen zu unterscheiden. Ebenso wichtig ist es für die Kinder, zu wissen, wie sie an Informationen kommen. Die Kenntnis, was man in einer Bibliothek erhalten kann und wie man im Internet zu den gewünschten Inhalten kommt, gehört auch dazu (ab Seite 64).

Welche Stärken hat Ihr Kind?

Niemand kennt Ihr Kind so gut wie Sie selbst. Mit den folgenden Tests werden Sie es noch besser kennen lernen – zumindest was einige der Fähigkeiten angeht, die für das Lernen wichtig sind.

Wie fit sind Sie? Ein Test für Eltern

Zuerst sind Sie selbst an der Reihe. Machen Sie folgende kleine Übung. Sie brauchen dazu lediglich eine Uhr mit Sekundenanzeige oder eine Stoppuhr. Denn Sie haben nur genau 60 Sekunden Zeit, nicht mehr.
In den Käse unten hat eine Maus Löcher genagt. Einige Löcher – nämlich die ohne Nummern – waren schon vorher im Käse. Zählen Sie innerhalb von 60 Sekunden alle nummerierten Löcher, die die Maus in den Käse genagt hat. Aber in der richtigen Reihenfolge: von 0 bis 39.

Hier kommen auch Große ins Schwitzen

Auf die Plätze, fertig, los – der Ein-Minuten-Sprint.

Auflösung des Tests für Eltern

Bis zu welcher Zahl haben Sie es geschafft? Sind Sie bis zur 20 gekommen? Das ist die durchschnittliche Leistung eines Erwachsenen. Mit dieser kleinen Übung wollten wir Sie daran erinnern, wie es sich anfühlt, unter Zeit- und Leistungsdruck zu arbeiten. Wahrscheinlich erging es Ihnen gerade so: Erst haben Sie ruhig begonnen, aber nach ein paar Sekunden gemerkt, dass die Zeit sehr schnell verrinnt. Also haben Sie schneller gemacht – und wurden dabei immer hektischer. Vielleicht haben Sie schon vor der Zeit aufgegeben, weil Sie bald merkten, dass keine Chance besteht, das gesteckte Ziel zu erreichen.

Stress tötet die Lernlust

Ähnlich geht es unseren Kindern oft in der Schule. Wenn die Zeitvorgaben zu eng und die Maßstäbe zu hoch gesetzt sind, baut sich schnell Frust auf – schlechte Voraussetzung für das Lernen mit Lust. Setzen Sie deshalb auch bei den Tests und Übungen in diesem Buch Ihr Kind nicht unter Stress, sondern loben Sie die erreichten Leistungen.

Dieser Lerntyp ist Ihr Kind

Jeder Mensch lernt anders. Ein Weg, der für Ihr Kind sinnvoll ist, mag bei einem anderen Kind nur schlecht funktionieren. Eine wichtige Rolle beim Lernen spielen die Wahrnehmungskanäle: Manche Kinder lernen am besten, wenn sie etwas mitschreiben oder aufmalen. Andere hören lieber zu. Die einen reden über Gelerntes. Andere experimentieren gern, testen aus, sind am liebsten handwerklich aktiv.

Sehen, hören, fühlen – der Weg zum Lernen

Mit dem folgenden Test können Sie feststellen, zu welchem Grundlerntyp Ihr Kind gehört. Man spricht im Wesentlichen von drei Hauptlerntypen: der visuelle (sehende), der auditive (hörende) und der motorische (handelnde) Lerntyp. Der Fragebogen rechts soll Ihnen helfen, das Lernverhalten Ihres Kindes besser zu verstehen.

Lesen Sie sich die Aussagen durch und schätzen Sie Ihr Kind entsprechend ein. Wenn Sie sich nicht sicher sind, zum Beispiel bei jüngeren Kindern, treffen Sie bitte trotzdem eine Entscheidung. Ältere Kinder können Fragen, bei denen Sie unsicher sind, selbst beantworten. Kreuzen Sie jeweils »… immer«, »… manchmal« oder »… nie« an.

Viele Wege führen ans Ziel

Wichtig: Der Test kann erst wirklich sinnvoll durchgeführt werden bei Kindern ab etwa dem 2. Schuljahr (da vorher die Fragen zum Lesen und Schreiben nicht zufrieden stellend beantwortet werden können).

Der Lerntyp-Test: Wie lernt Ihr Kind?

DIESE FESTSTELLUNG TRIFFT AUF MEIN KIND ZU …	… IMMER	… MANCHMAL	… NIE
1. Mein Kind schreibt sich den Lernstoff oft noch mal selbst auf.	☐	☐	☐ ✓
2. Mein Kind kann mündlichen Erklärungen gut folgen.	☐ ✓	☐	☐
3. Mein Kind beteiligt sich gern an Rollenspielen.	☐ ✓	☐	☐
4. Meinem Kind fällt es leicht, Textaufgaben zu verstehen.	☐	☐	☐ ✓
5. Mein Kind erinnert sich gut an Geschichten von Hörkassetten.	☐ ✓	☐	☐
6. Mein Kind kaut gern Kaugummi, trinkt oder isst gern beim Lernen.	☐ ✓	☐	☐
7. Mein Kind kann sich an Geschichten aus dem Fernsehen besser erinnern als an welche von Hörspielkassetten oder aus dem Radio.	☐ ✓	☐	☐
8. Meinem Kind fällt es leicht, mündlichen Anweisungen zu folgen.	☐	☐ ✓	☐
9. Mein Kind lernt leichter, wenn es sich bewegen kann.	☐	☐ ✓	☐
10. Meinem Kind helfen Bilder, um Inhalte zu lernen und zu behalten.	☐	☐ ✓	☐
11. Mein Kind kann nur in einer ruhigen Umgebung lernen.	☐	☐ ✓	☐
12. Mein Kind gestikuliert viel beim Reden.	☐ ✓	☐	☐
13. Mein Kind kann sich Sachverhalte, die der Lehrer an die Tafel schreibt, sehr gut merken.	☐	☐ ✓	☐
14. Mein Kind kann sich an Melodien gut erinnern.	☐ ✓	☐	☐
15. Mein Kind probiert gern Dinge aus. Es bastelt sehr gern.	☐	☐	☐ ✓
16. Mein Kind notiert sich Wichtiges, um es besser zu behalten.	☐	☐	☐ ✓
17. Mein Kind bewegt die Lippen, wenn es liest.	☐	☐	☐ ✓
18. Mein Kind macht oder spielt Handlungen nach.	☐	☐ ✓	☐
19. Mein Kind kann sich Lerninhalte bildlich vorstellen.	☐ ✓	☐	☐
20. Mein Kind kann sich Begriffe, Fremdwörter, Vokabeln besser merken, wenn es sie laut lernt.	☐	☐ ✓	☐
21. Mein Kind kann beim Lesen nicht still sitzen.	☐	☐	☐ ✓
22. Meinem Kind helfen Zeichnungen und Diagramme, um den Lernstoff besser zu behalten.	☐	☐ ✓	☐
23. Mein Kind spricht beim Lernen den Inhalt laut vor sich hin, um ihn besser zu behalten.	☐ ✓	☐	☐
24. Mein Kind kann sich gut an Sachen, Geräte oder Spielzeuge erinnern, die es angefasst und mit denen es etwas getan hat.	☐	☐	☐ ✓

Auswertung des Lerntyp-Tests

Haben Sie eine Frage mit »... immer« beantwortet, tragen Sie in die entsprechende Spalte unten 2 Punkte ein. Für »... manchmal« gibt es 1 Punkt und für »... nie« 0 Punkte.

Fragen zum visuellen Lerntyp

Frage Nr.:	1	4	7	10	13	16	19	22
Punkte:	0	0	2	1	1	0	2	1
							Gesamtpunktzahl:	7

Fragen zum auditiven Lerntyp

Frage Nr.:	2	5	8	11	14	17	20	23
Punkte:	2	2	1	1	2	0	1	2
							Gesamtpunktzahl:	11

Fragen zum motorischen Lerntyp

Frage Nr.:	3	6	9	12	15	18	21	24
Punkte:	2	2	1	2	0	1	0	0
							Gesamtpunktzahl:	8

Was erfahren Sie aus dem Testergebnis?

Wenn Sie Ihr Kind realistisch einschätzen konnten, wissen Sie nun, zu welchem Grundlerntyp es gehört. Es ist der Bereich, in dem Sie in der Tabelle oben die meisten Punkte eingetragen haben. Beachten Sie bitte: In »reiner Form« kommt sicher keiner dieser drei Lerntypen vor. Das Ergebnis wird immer eine Mischung sein.

Die meisten Menschen entsprechen aber zumindest einem Grundlerntyp, das heißt: Über einen bestimmten Sinneskanal nehmen sie Sachverhalte am leichtesten auf. Mit diesem Test erfahren Sie auch, welche Sinneskanäle Sie zusätzlich ansprechen können und sollten, damit diese bei Ihrem Kind stärker trainiert werden. Denn die Chance, sich etwas einzuprägen und erfolgreich zu lernen, steigt, je mehr Sinneskanäle beim Lernen beteiligt sind (siehe Seite 17).

WICHTIG

Übungen für den schnellen Lernerfolg

Alle Übungen in diesem Buch, die sich für einen der drei Lerntypen besonders gut eignen, sind mit den Zeichen für visuell, für auditiv und für motorisch markiert. Haben Sie also beispielsweise im Test festgestellt, dass Ihr Kind ein visueller Lerntyp ist, werden ihm alle Aufgaben mit dem Symbol Auge besonders leicht fallen. Das heißt aber nicht, dass Sie die Übungen für den auditiven und motorischen Lerntypen vernachlässigen sollten: Auch diese Sinneskanäle sollen dann unbedingt trainiert werden. Denn rundum aufnahmefähig wird Ihr Kind auch langfristig Erfolg beim Lernen haben!

Der visuelle Lerntyp: Lernen durch Sehen

Schneller Durchblick

Die besten Lernerfolge erzielt der visuelle Lerntyp, wenn er liest und sich den Stoff in Form von Bildern und Grafiken veranschaulicht, Handlungen beobachtet oder sich etwas bildlich vorstellt.Weitere bewährte Lernstrategien für diesen Lerntyp sind das Notieren von Stichworten und die Arbeit mit Textmarkern. Visuellen Lerntypen fällt es oft schwer, gesprochene Informationen zu erfassen und zu behalten.

▶ Passende Lernhilfen: Bilder, Lernposter, Lernkarteien, Videos, Skizzen, Bücher und Textmarker.

Der auditive Lerntyp: Lernen durch Hören

Auf Zwischentöne hören

Der auditive Lerntyp lernt am besten das, was er hört. Ihm fällt es leicht, mündliche Erklärungen zu erfassen, zu behalten und wiederzugeben. Auch Selbstgespräche helfen ihm beim Lernen. Er lässt Gelerntes gern von Freunden oder Familienmitgliedern »abfragen«. Allerdings fühlt er sich durch Geräusche schnell gestört. Oft erinnert sich der auditive Lerntyp weniger gut an Dinge, die er nur gesehen hat.

▶ Passende Lernhilfen: Lernkassetten, Videos und Gespräche.

Der motorische Lerntyp: Lernen durch Bewegung

Lernen mit Körpereinsatz

Für den motorischen Lerntyp ist es wichtig, sich mit dem ganzen Körper beim Lernen einzubringen. »Begreifen« muss man bei ihm wörtlich nehmen: Am besten lernt er, indem er handelt. Er braucht ausreichend Bewegung, um aufmerksam bleiben zu können.

▶ Passende Lernhilfen: Rollenspiele, Nachahmung und Bewegung.

Kleine Tests zum Merken und Erinnern

Mit dem folgenden Test für Kinder ab 7 Jahren können Sie die Gedächtnisstärken und -schwächen Ihres Kindes einschätzen. Kann es sich Zahlen gut einprägen? Hat es eher Probleme dabei, sich Begriffe zu merken?

Der Spaß soll nicht zu kurz kommen

Sorgen Sie bitte dafür, dass Sie in dieser Zeit mit Ihrem Kind ungestört sind. Schaffen Sie eine entspannte, spielerische Atmosphäre. Nehmen Sie die Zeitvorgaben nicht zu genau. Jüngeren Kindern dürfen Sie auch mal drei statt zwei Minuten Zeit lassen. Die Aufgaben sind so formuliert, dass Sie sie Ihrem Kind vorlesen können.

Sie können gern auch längere Pausen zwischen den Aufgaben einlegen oder sie auf mehrere Tage verteilen. Machen Sie selbst mit oder veranstalten Sie einen kleinen Wettbewerb unter Geschwistern oder Freunden. Dann macht es doppelt Spaß. Die Auswertung dieser Aufgaben finden Sie auf Seite 37.

▶ Sie brauchen für die Tests lediglich Papier, Schreibzeug und eine Uhr mit Sekundenanzeige. Für jede Aufgabe gibt es eine bestimmte Zeitvorgabe, insgesamt benötigen Sie höchstens eine halbe Stunde Zeit.

Der Zahlenzug

Jeder Waggon dieses Zuges hat eine Ziffer geladen. Du stehst auf einer Brücke und prägst dir die Zahlen auf den einzelnen Waggons in der richtigen Reihenfolge ein, während der Zug langsam unter dir vorbeifährt. Du hast zwei Minuten Zeit, dir möglichst viele Ziffern in der richtigen Reihenfolge einzuprägen.

Danach zählst du erst langsam von 1 bis 20, dann schreibst du die richtigen Ziffern aus dem Gedächtnis wieder auf.

Welche Ziffern hat der Zug geladen?

Wie viele konntest du dir merken? Aufgepasst: Es zählt die richtige Reihenfolge. Sobald du einen Fehler machst, gelten weitere gemerkte Ziffern nicht mehr.

Das Fest: Namen und Gesichter

Du brauchst für dieses Spiel ein Blatt Papier zum Abdecken und etwas zum Aufschreiben. Es geht los:
Du bist mit deinen Eltern auf eine Fete eingeladen. Dort lernst du viele neue Leute kennen. Zehn davon siehst du auf den Bildern unten. Du hast aber nur 90 Sekunden Zeit, dir die Gesichter und die Vornamen der neuen Bekanntschaften zu merken. Schaue dir Namen und Gesichter an. Decke nach 90 Sekunden alle mit einem Blatt ab.
Schiebe das Blatt jetzt so weit nach unten, dass nur noch die Bilder zu sehen sind. Erinnere dich an die richtigen Namen. Schreibe sie in der richtigen Reihenfolge auf. Wenn du fertig bist, decke die Namen unter den Bildern auf und kontrolliere, wie viele du richtig zugeordnet hast.

Wie gut ist dein Gedächtnis für Gesichter und Namen?

Peter

Lennart

Lilly

Marie

Hans

Tabea

Bernhard

Miriam

Edda

Ben

Wie gut klappt das Merken, wenn es ums Einkaufen geht?

Kaufrausch

Am Samstag ist Einkaufstag. Die ganze Familie hat einen großen Einkaufszettel zusammengestellt, aber – so ein Pech – zu Hause liegen gelassen. Sicher erinnerst du dich aber noch an viele Dinge aus dem Kopf, wenn du jetzt mal drei Minuten lang die Liste auswendig lernst.
Schreibe dann die Sachen aus dem Gedächtnis wieder auf. Auch bei dieser Übung ist die richtige Reihenfolge entscheidend. Sobald du einen Fehler machst, darfst du nicht mehr weiter werten.

Abstrakte Kunst

Du besuchst mit deiner Klasse eine Kunstausstellung. Der Künstler ist Spezialist für geometrische Figuren. Wieder daheim, malst du die Figuren nach. Du hast zuerst zwei Minuten Zeit, dir die Figuren einzuprägen. Du kannst in dieser Zeit auch die Figuren mit deinen eigenen Worten beschreiben. Decke dann die Vorlage zu und zeichne die Formen möglichst genau aus dem Gedächtnis auf.
Wenn du erst sieben oder acht Jahre alt bist, darfst du die Formen auch lernen, indem du sie einmal abmalst.

Gar nicht so einfach: merken und nachzeichnen.

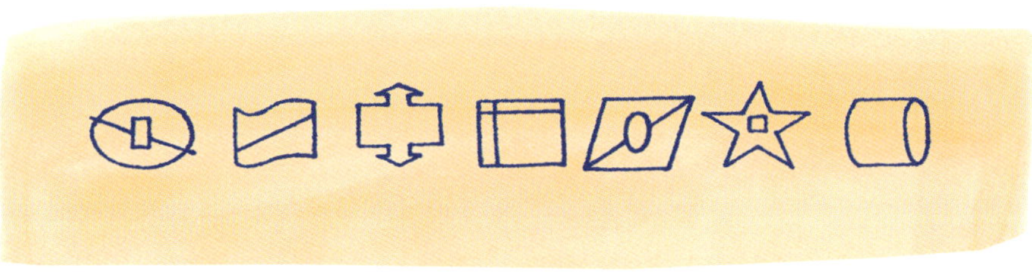

Testauswertung

Der Test soll durchaus eine Herausforderung sein, er ist also nicht sehr einfach. Die wenigsten Kinder werden ihn vollständig lösen. Und so ermitteln Sie das Ergebnis Ihres Kindes: Kreuzen Sie in der Übersicht rechts immer die Aussage an, die auf Ihr Kind zutrifft. Verwenden Sie die richtige Altersspalte für Ihr Kind. Tragen Sie in der Übersicht unten ein, wie oft Sie A, B, C oder D angekreuzt haben.

Gesamt	**A:**	**A:** ....
	B:	**B:** ....
	C:	**C:** ....
	D:	**D:** ....

A: Leistung ist sehr gut
B: Leistung ist ganz gut
C: ganz o. k., ausbaufähig
D: fleißig trainieren

Aufgabe	7–9 Jahre	10–12 Jahre
Zahlenzug	☐ A: 14 und mehr ☐ B: 10–13 ☐ C: 6–9 ☐ D: 0–5	☐ A: 18 und mehr ☐ B: 13–17 ☐ C: 8–12 ☐ D: 0–7
Das Fest	☐ A: 7 und mehr ☐ B: 5–6 ☐ C: 3–4 ☐ D: 0–2	☐ A: 9 und mehr ☐ B: 7–8 ☐ C: 4–6 ☐ D: 0–3
Kaufrausch	☐ A: 14 und mehr ☐ B: 10–13 ☐ C: 6–9 ☐ D: 0–5	☐ A: 16 und mehr ☐ B: 12–15 ☐ C: 7–11 ☐ D: 0–6
Abstrakte Kunst	☐ A: 6 und mehr ☐ B: 4–5 ☐ C: 2–3 ☐ D: 0–1	☐ A: 7 und mehr ☐ B: 5–6 ☐ C: 3–4 ☐ D: 0–2

Was bedeutet das Ergebnis Ihres Kindes?

Erreicht Ihr Kind vorwiegend die Leistung A, ist es bei diesem Aufgabentypus wirklich schon sehr gut. B und C bedeuten, dass die Ergebnisse gut sind, also im oberen oder unteren Mittelfeld. Mit den Gedächtnistechniken aus diesem Buch ist dann aber immer noch etwas mehr zu schaffen. Liegt das Ergebnis Ihres Kindes jedoch im unteren Bereich – also haben Sie öfter D angekreuzt –, ist es eher schlecht in der entsprechenden Übung.

Sorgen müssen Sie sich nicht machen. Die Ursachen für das Ergebnis können sein, dass Ihr Kind vielleicht gerade nicht so viel Lust hatte, aufgeregt war oder auch nur einen schlechten Tag hatte. Beobachten Sie Ihr Kind vielleicht etwas genauer.

Übung macht den Meister

Falls Sie zu der Einschätzung gelangen, dass die Gedächtnisleistung Ihres Kindes ungewöhnlich schlecht ist, und tritt auch nach längerer Übung mit Merktechniken (siehe ab Seite 103) keine Besserung ein, sollten Sie sich Rat holen, vielleicht in einem Gespräch mit dem Lehrer. Ihn können Sie auch nach einer qualifizierten Beratungsstelle in Ihrer Nähe fragen (siehe auch Adressen Seite 124).

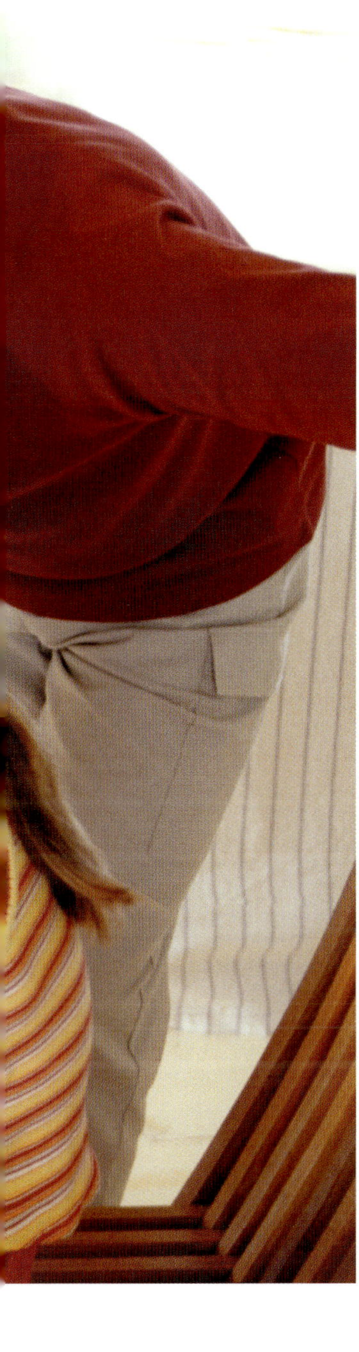

Alles, was beim Lernen hilft

Ihr Kind hat vorübergehend oder dauernd Probleme beim Lernen? Es vergisst Gelerntes immer gleich wieder, trödelt bei den Hausaufgaben, mag am liebsten gar nicht an die Schule denken ...
Welche äußeren Umstände das Lernen unterstützen oder hemmen, wie Sie diese beeinflussen können und wie Sie Ihr Kind zum Lernen motivieren – all das erfahren Sie auf den folgenden Seiten.

Leichter lernen: Wann, wo und wie es klappt

Ihr Kind kann sich nicht konzentrieren, vergisst Gelerntes schnell wieder, mag sich mit dem Lernen am liebsten gar nicht befassen? Es gibt viele mögliche Ursachen – aber ebenso viele Lösungen.

Die Umgebung muss stimmen

Zuerst sollten Sie überprüfen, ob die äußeren Bedingungen und das Lernumfeld Ihres Kindes wirklich optimal sind: von A wie Arbeitsplatz bis Z wie Zeiteinteilung. Auf den folgenden Seiten finden Sie viele Tipps, mit denen Sie das kluge Köpfchen Ihres Kindes unterstützen können.

Helfen Sie Ihrem Kind

»Kein Wunder, bei dem Durcheinander könnte ich auch nicht lernen.« Diese Art Kritik bringt Ihr Kind nicht weiter, bietet keine Lösung und führt nur dazu, dass Ihr Kind ein negatives Selbstbild entwickelt.

Wichtiger ist, dass Sie mit ihm darüber sprechen, wie es das Arbeiten rationeller und effektiver gestalten kann. Versuchen Sie dabei stets, positive Verhaltensweisen zu verstärken, indem Sie Ihr Kind für das bereits Geleistete loben, statt über das zu schimpfen, was es noch nicht geschafft hat.

Platz zum Lernen

Ihr Kind sollte wenn irgend möglich einen festen Arbeitsplatz haben, an dem alles bereitliegt, was es braucht. Idealerweise ist dieser Platz in seinem eigenen Zimmer. Umständliches Herumschleppen von Büchern entfällt so, vom Lineal bis zur Pinnwand ist alles in Reichweite.

Eine Pinnwand sollte nicht fehlen

Außerdem kann Ihr Kind so die Lernzeit besser einteilen und sich auch zum Lernen zurückziehen, wenn am Wochenende oder bei Besuchern im Haus die nötige Ruhe fehlt. Am Arbeitsort muss ungestörtes, konzentriertes Arbeiten möglich sein.

Der perfekte Arbeitsplatz – wie sieht er aus?

Ihr Kind verbringt über Jahre hinweg viele Stunden lernend am Schreibtisch. Dieser Platz bestimmt also, unter welchen Bedingungen es die meiste Zeit lernt. Der Arbeitsplatz muss den Bedürfnissen Ihres Kindes entsprechen – und nicht Ihrem Geschmack und Stil. Das Kind muss sich an seinem Arbeitsplatz wohl fühlen, nicht die Eltern.

Immer am selben Ort lernen

Im Detail: Das gehört dazu

Prüfen Sie, ob der Arbeitsplatz folgenden Kriterien entspricht:

Der Schreibtisch

Der perfekte Tisch sollte mit Ihrem Kind wachsen, also höhenverstellbar sein. Und er muss genug Arbeitsfläche bieten. Diese kann bei bestimmten Modellen einfach angebaut werden, zum Beispiel wenn nach einiger Zeit ein Computer angeschafft wird. Solche flexiblen und modularen Tische sind zwar meist etwas teurer, aber die Anschaffung lohnt sich, weil Ihr Kind so sehr lange am gleichen Tisch arbeiten kann. Es gibt Schreibtische, die von der Einschulung bis zum Abitur optimal zu gebrauchen sind.

Der perfekte Arbeitsplatz wächst mit dem Kind.

Wie man sitzt, so lernt man

Auch der Stuhl muss höhenverstellbar sein. Die Füße des Kindes sollten immer Bodenkontakt haben. Am besten ist ein ergonomisch gebautes Modell, das auch für längeres Sitzen geeignet ist und Haltungsschäden vorbeugt.

Alles griffbereit

Wichtige Arbeitsmaterialien – etwa Papier, Hefte, Bleistifte und Spitzer, Farbstifte, Karteikasten, Büroklammern, Pinnwandnadeln – sollten immer griffbereit sein.

Das Drumherum

Ein Papierkorb, ausreichend Schubladenraum und ein Bücherregal halten die Arbeitsfläche von verbrauchten, gerade nicht benötigten und ablenkenden Dingen frei.

Hier soll sich Ihr Kind wohl fühlen

Für lichte Momente

Tageslicht ist das beste Licht. Eine Schreibtischlampe braucht man dennoch. Der beste Lichteinfall ist für Rechtshänder über die linke Schulter, für Linkshänder über die rechte. Positionieren Sie auch den Schreibtisch entsprechend.

So behält man den Überblick

Eine Pinnwand in Sichtweite ist gut für Notizen, den Stundenplan, den Überblick über den Lernstoff und was Ihr Kind sonst noch mag.

Ordnung hilft dem Denken

Um ein Durcheinander zu vermeiden, sollten wirklich immer nur die Arbeitsmaterialien auf dem Schreibtisch liegen, die man gerade braucht. Zu viele Gegenstände behindern die Übersicht. Und ständiges Hin-und-her-Räumen kostet nur unnötig Zeit. Wenn Ihnen auffällt, dass Ihr Kind häufig minutenlang nach einem Lineal oder einem Heft sucht und damit die für die Hausaufgaben oder das Lernen vorgesehene Zeit verliert, sollten Sie helfen: Sorgen Sie für ausreichend Stauraum, organisieren Sie gemeinsam mit Ihrem Kind den Arbeitsplatz neu (siehe auch Seite 40), geben Sie ihm Tipps, die es umsetzen kann.

Zum Lernen braucht es auch die richtige Zeit.

Alles zu seiner Zeit

Wann aber ist der richtige Zeitpunkt für die Hausaufgaben oder zum Lernen? Kommt Ihr Kind von der Schule, sollte es zuerst etwas ausruhen, das Mittagessen in Ruhe genießen und Gelegenheit haben, sich die Seele frei zu reden. Dann kann es auch noch ein wenig spielen, sollte aber nicht erst am späten Abend mit dem Lernen beginnen.

Feste Rituale finden

Die beste Lernzeit kann von Kind zu Kind sehr verschieden sein. Optimal sind oft der späte Nachmittag oder der frühe Abend. Gut ist auch, wenn Ihr Kind immer etwa zur selben Zeit lernt.

Jetzt nicht – wann dann?

Wie oft beginnt Ihr Kind mit einer Tätigkeit, unterbricht sie und führt sie erst viel später zu Ende – oder auch gar nicht? Es schlägt ein Buch auf, liest ein paar Zeilen und lässt es dann offen liegen. Unerledigte Merkzettel wandern mehrmals von der einen zur anderen Seite des Schreibtischs. Ablenkung gibt es genug: Ein Freund kommt unerwartet zu Besuch, im Internet warten Chatpartner, der Geburtstagsbrief für Oma muss noch geschrieben werden, und das schöne Wetter reizt zu einer Tour mit den Inlinern. Nicht nur Erwachsene,

Checkliste: Weicht Ihr Kind dem Lernen aus?

	Ja	Nein
Mein Kind schiebt Erledigungen vor sich her.	☐	☐
Es lässt Angefangenes oft liegen.	☐	☐
Es verspätet sich häufig.	☐	☐
Mein Kind hat Schwierigkeiten, Ordnung zu halten.	☐	☐
Es lässt die Dinge lieber auf sich zukommen.	☐	☐
Es kann unter Zeitdruck am besten arbeiten.	☐	☐
Mein Kind erledigt viele Dinge gleichzeitig.	☐	☐

auch Kinder nehmen sich zu oft zu viel vor. Und kennen ebenso wie die Großen das Gefühl, zwar wahnsinnig viel getan, aber am Ende das Vorgenommene nicht wirklich erledigt zu haben.

Den »inneren Schweinehund« besiegen

In der Übersicht oben finden Sie eine Checkliste zum Verhalten Ihres Kindes. Kreuzen Sie an, welche Aussagen auf Ihr Kind zutreffen.Wenn Sie einige oder gar viele ankreuzen müssen, sind die folgenden Hinweise zur Zeitplanung besonders wichtig.

Gut planen – leicht lernen

Wie der Arbeitsplatz braucht auch die Arbeitszeit klare Strukturen. Grundsätzlich sollten Sie zwischen Grob- und Feinplanung unterscheiden. Die längerfristige Grobplanung der Lernaufgaben erstreckt sich über Tage und Wochen. Helfen Sie Ihrem Kind, diese Planung zu erlernen.

Wie plant man Aufgaben?

Hier ein Beispiel, wie es funktioniert: Thema im Unterricht sind die fünf Kontinente und deren bedeutendste Länder. In sieben Wochen soll darüber eine Klassenarbeit geschrieben werden.

▶ Erster Schritt: Verschaffen Sie sich gemeinsam mit Ihrem Kind einen Überblick über den Stoff. Im Atlas stellen Sie fest, dass die Kontinente unterschiedlich viele Länder haben. Daher ist unterschiedlich viel Zeit je Land einzuplanen. Von einigen Ländern weiß Ihr Kind schon mehr (etwa von denen in Europa), von anderen weniger oder gar nichts.

Nicht zu große Lerneinheiten vorsehen

▶ Zweiter Schritt: Sie teilen den Lernstoff ein und planen nun eine Woche für jeden Kontinent ein, für Asien aber zwei, weil hier die bevölkerungsreichen Länder Indien, China und außerdem Japan und Russland eine besondere

Aufmerksamkeit brauchen. Die letzte der sieben Wochen ist nur noch zur Wiederholung eingeplant: Von Montag bis Freitag jeden Tag ein Kontinent. Das Wochenende ist frei – oder im Notfall die Reserve fürs Lernen.

Dem Monat Struktur geben

Zählen Sie die normalerweise verfügbaren Lerntage eines Monats. Ziehen Sie von dieser Zahl die bereits verplanten Tage ab. Das sind solche, die wegen Schulausflug, Geburtstagsfeier, Sport, also privater und schulischer Aktivitäten, wegfallen.
Vom Rest nehmen Sie wieder etwa ein Drittel weg, weil immer etwas Unvorhergesehenes geschehen kann.

Kinder lernen erst, mit dem Phänomen »Zeit« umzugehen.

TIPP!

Lernen nach Zeitplan – ab wann ist das sinnvoll?

Ein Grundschüler muss – und kann – noch nicht konsequent auf diese Art lernen. Die strukturierte Planung sollte aber nach der Grundschule systematisch geübt werden. Spätestens bei größeren Klassenarbeiten und ersten Prüfungen sollte Ihr Kind diese Technik beherrschen.

Was jetzt noch übrig ist, ist eine recht realistische Einschätzung der verfügbaren Zeit. Wenn Sie so weit gekommen sind, geht es nun wieder an die Einteilung. Wichtig ist, zu wissen, was Ihr Kind lernen muss und wie die Themen auf die verfügbare Zeit verteilt werden. Ein solcher langfristiger Lernplan sollte seinen Platz gleich neben dem Stundenplan an der Pinnwand haben.

Den Plan im Auge behalten

Und jetzt die Details

Bei der Feinplanung geht es um kürzere Zeiträume – Wochen und Tage – und um kleinere Portionen des Lernstoffs. Für jeden Tag wird bestimmt, was, wann und wie viel gelernt werden soll. Am Beispiel der Kontinente: Zuerst fängt Ihr Kind am besten mit dem Erdteil an, von dem es schon am meisten weiß, wahrscheinlich Europa, damit es gleich am Anfang Erfolgserlebnisse gibt.

So machen Sie Zeitfressern den Garaus

ZEITFRESSER	MÖGLICHE GEGENMASSNAHMEN
Telefonanrufe	Der Freundin sagen, sie soll erst ab 17 Uhr anrufen, oder das Telefon ganz ausschalten.
Fernsehprogramm	Sendungen vorher genau auswählen, also nicht einfach so mal zwischendurch die Glotze anschalten. Grundregel: Erst Hausaufgaben, dann TV.
Störungen durch Familienmitglieder	Wir gestalten den Arbeitsplatz so, dass du nicht mehr gestört wirst, also z. B. Umzug in anderes Zimmer. Bei Geschwistern: Alle machen gleichzeitig Hausaufgaben. Und sowieso: Jeder braucht seinen eigenen Arbeitsplatz.
Unaufgeräumter Arbeitsplatz	Nach den Hausaufgaben gleich die Schultasche für den nächsten Tag packen. Eine Binsenweisheit, aber man muss es immer wieder sagen: Vor dem Lernen alles Unnötige vom Tisch räumen. Ein neues Regal aufbauen, mehr Stauraum schaffen, wo das Überflüssige verschwindet.
Weitere Störfaktoren	

Zeitfresser aufspüren

Zeitreserven schaffen

Häufig kommt es vor, dass die Zeit einfach davonläuft. Der beste Plan und alle guten Vorsätze helfen wenig, wenn man zu oft gestört wird. In der Übersicht oben finden Sie eine Liste mit Zeitfressern, die das Lernen stören oder erschweren. Überlegen Sie gemeinsam mit Ihrem Kind, welche Störfaktoren bei Ihnen auftreten und was Sie dagegen unternehmen können.

Pausen nicht vergessen

Sie werden oft vernachlässigt, sind aber ein wichtiger Teil des erfolgreichen Lernens: ausreichend Pausen. Bei Überanstrengung besteht nämlich die Gefahr, dass Ihr Kind das am Anfang Gelernte am Ende wieder vergessen hat. Und auch das zuletzt Gelernte bleibt nur oberflächlich haften. Als Lerntakt wird in der Schule eine Dreiviertelstunde vorgegeben. Aber

Der Pausenplan: Diese Zeit braucht Ihr Kind

Art der Pause	Pausendauer	Nach welcher Lernzeit	Mögliche Aktivität
Unterbrechung	1 Minute	nach Bedarf	sich zurücklehnen
Minipause	5 Minuten	nach 30 Minuten	die Beine vertreten
Entspannungspause	15–20 Minuten	nach 1,5–2 Stunden	Musik hören
Erholungspause	15–20 Minuten	nach 3–4 Stunden	Sport treiben

schon für Acht- und Neunjährige ist diese Zeitspanne viel zu lang, erst recht für Sechs- und Siebenjährige. Darum müssen sich auch im Unterricht immer Phasen des aktiven Lernens mit Phasen der Entspannung abwechseln.

Eltern machen immer wieder den Fehler, dass sie ihre Kinder anspornen: »Na komm, mach gleich alles zu Ende, dann hast du es hinter dir!« Aber nach spätestens 10 Minuten brauchen Kinder eine kurze Verschnaufpause von 1 bis 2 Minuten.

Balance zwischen Lernen und Pausen finden

Pausen sollten fest eingeplant werden. Wie oft und wie lange sie eingelegt werden, hängt einmal von der individuellen Konzentrationsfähigkeit Ihres Kindes und auch von der Lernarbeit selbst ab. Spätestens wenn Ihr Kind mit den Gedanken sichtbar anderswo ist, sich nicht mehr konzentrieren kann oder einfach erschöpft zu sein scheint, ist es Zeit für eine Unterbrechung.

Lernen, wie es dem Kind gefällt?

Ihr Kind sollte lernen, eigenständig und eigenverantwortlich zu handeln. Wie sehr sollte man aber den persönlichen Vorlieben und Wünschen eines Kindes bei der Organisation des Lernens entgegenkommen?

Zuverlässigkeit vorleben

Wichtig ist, dass getroffene Vereinbarungen prinzipiell eingehalten werden – und zwar vom Kind genauso wie von den Eltern! Sonst bleiben sie schließlich wirkungslos. Viele Erwachsene lassen sich allzu schnell erweichen, wenn zwischendurch das Nachbarkind geklingelt hat und aus der Hausaufgabenecke die Anfrage ertönt: »Bitte, darf ich schnell mit zum Spielen gehen?!« Also bleibt der Schreibtisch unaufgeräumt, und die Hausaufgaben sind noch nicht ganz erledigt. Und Ihr Kind wird Abmachungen auch in Zukunft nicht so ernst nehmen.

»Startschwierigkeiten«

Obwohl Ihr Kind schon eine ganze Weile am Schreibtisch sitzt, stellen Sie fest, dass es mit den Hausaufgaben immer noch nicht angefangen hat. Es spielt mit dem Radiergummi, blättert in einer Zeitschrift, schaut verträumt aus dem Fenster oder malt Herzchen ins Hausaufgabenheft. Das ist ganz normal und lässt sich leicht erklären: Das Gehirn muss erst auf Lernen umschalten und sich von den Gedanken lösen, die es sich zuvor gemacht hat. Egal, ob Ihr Kind vorher spazieren, spielen oder einkaufen war – es braucht etwas Zeit, um sich wieder umzustellen. Lassen Sie Ihrem Kind diese Zeit.

Den Einstieg schaffen

In der ersten Viertelstunde wird es relativ wenig leisten. Lassen Sie es daher nicht mit Schwierigem oder Unangenehmem beginnen, sondern mit möglichst leichtem Lernstoff, der Erfolgserlebnisse und Spaß bringt. So überfordern Sie Ihr Kind nicht gleich am Anfang, und der Lerneinstieg am Nachmittag wird leichter fallen.

Einen Anfang finden

Etappen bilden – Motivation fördern

Manchmal scheint der Berg von Aufgaben unüberwindlich zu sein, besonders vor einer Klausur oder Prüfung. Ratschläge wie »Beeil dich halt ein bisschen«, »Streng dich mal richtig an« oder »Lass eben was aus« sind gut gemeint, aber leider völlig nutzlos. Vergleichen Sie es mit der Tour de France. Kein Radsportler könnte die gesamte Strecke von einigen tausend Kilometern am Stück bewältigen. Daher ist die Tour in Tagesetappen aufgeteilt. Genauso kann man Lernstoff oder Hausaufgaben in Portionen aufteilen. Jede Portion wird als Zettel zum Beispiel an der Pinnwand befestigt. Sobald die Aufgabe erledigt ist, darf Ihr Kind den ersten abhängen. Zettel um Zettel verschwindet, und der Hausaufgabenberg wird immer kleiner. Diese Methode verschafft Übersicht und sorgt für viele kleine und schließlich für das große Erfolgserlebnis: »Geschafft!«

Lernen in der Gruppe

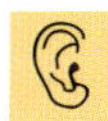

Ob ein Kind besser allein oder mit anderen lernt, lässt sich nicht eindeutig sagen. Manche Lernbereiche lassen sich besser allein erledigen, manche besser zu zweit oder gar in einer Gruppe.

Ab 5. Klasse

Selbstständiges Lernen ist vor allem bei »Paukstoff« angesagt: Vokabeln, Geschichtszahlen, chemische Formeln oder Gedichte lernt man besser allein. Hierbei kann Gruppenarbeit sogar hinderlich sein. Erst wenn der Lernstoff einmal durchgeackert wurde, ist es hilfreich, wenn das Kind seine neuen Erkenntnisse noch einmal mündlich formuliert und jemand da ist, der es zur Kontrolle abhört. Sinnvoll ist es auch, die eigenen Hausaufgaben mit denen der Mitschüler abzugleichen. So können Schwierigkeiten oder knifflige Aufgaben besprochen werden. Fehler werden schneller erkannt. Natürlich besteht immer die Gefahr, dass das Lernen zugunsten des neuesten Computerspiels zur Nebensache wird.

Auch eine Altersfrage

Ab 3. Klasse

Kinder im Grundschulalter brauchen als Lerngruppe noch relativ viel Betreuung. Allein gelassen, werden sie sich sehr wahrscheinlich schnell anderen Dingen widmen. Sinnvoll ist das Lernen in der Gruppe vor allem nach der Grundschulzeit:

- Kinder können Fragen klären, die in der Schule nicht gestellt oder nicht beantwortet werden.
- In der Lerngruppe summiert sich das Wissen. Man kann Gelerntes wiederholen und sich gegenseitig abfragen.

Eigenständigkeit üben

- Die Kinder setzen sich mit Meinungen der anderen auseinander, ohne dass Erwachsene dabei Einfluss nehmen.
- Lernteams fördern das soziale Verhalten, Ihr Kind gewinnt vielleicht sogar neue Freunde.

TIPP!

Lernen: Mit oder ohne Musik?

Immer wieder einmal fragen sich Eltern, ob Musik das Lernen unterstützt oder doch eher stört. Darauf kann man eigentlich keine allgemein gültige Antwort geben.
Bei einer entsprechenden Untersuchung wurden die Leistungen von 57 Prozent der Kinder bei Musik schlechter, 20 Prozent lernten mit und ohne Musik gleich gut, und etwa 17 Prozent der Kinder konnten ihre Leistung bei harmonischen Klängen im Hintergrund sogar steigern.
Bei Arbeiten, die Gedächtnis und logisches Denken beanspruchen, stört Musik offensichtlich eher. Bei eintönigen Arbeiten, aber auch bei künstlerischen Tätigkeiten kann Hintergrundmusik durchaus förderlich sein. Und die Wirkung der Musik ist natürlich auch individuell verschieden: Manche mögen Musik beim Arbeiten, andere nicht.

Test: Lernt Ihr Kind besser mit Musik?

So können Sie testen, ob Musik auf Ihr Kind eher störend oder stimulierend wirkt: Schlagen Sie Ihrem Kind vor, dass es jeweils in einem gleichen Zeitrahmen einmal zehn Vokabeln mit und einmal zehn Vokabeln ohne Musik lernen soll. Jeweils einen Tag später soll es sich an die Vokabeln erinnern. Unter welchen Umständen ist mehr hängen geblieben? Fragen Sie Ihr Kind auch nach seiner Meinung: Ist es ihm leichter gefallen, sich die Vokabeln mit Musik einzuprägen – oder ging es besser ohne?

Motivation – werfen Sie den inneren Motor an

Wenn Ihr Kind zum Lernen motiviert ist, ist die wichtigste Hürden schon genommen. Denn nun hat es Ziele vor Augen, auf die es sich freuen kann. Der Weg zum Erfolg ist so viel leichter: Motivation bringt Erfolgserlebnisse, die wieder motivieren, was weitere Erfolgserlebnisse erzeugt …

Ein positiver Kreislauf

Lernmotor Begeisterung

Bei Kindern im Kindergartenalter fällt auf, mit welcher Begeisterung sie die Umwelt betrachten. Sie stellen tausend Fragen, wollen alles wissen und suchen ständig nach Erklärungen. Das drängende, manchmal provozierende »Warum?« hören Eltern ununterbrochen. Kein Wunder, dass sie da auch mal genervt reagieren. Kindliche Neugierde ist aber grundsätzlich etwas Gutes. Sie zeigt, dass Ihr Kind geistig aktiv und lernwillig ist und sich weiterentwickelt. Neugier ist natürlich auch noch bei Kindern im Schulalter da. Aber der Lernstoff – und dessen Aufbereitung – ist nicht immer so attraktiv, dass er Interesse wecken kann. Hinzu kommt: Je älter Kinder werden, umso mehr verstecken sie die Begeisterung für eine Sache hinter einer coolen, altklugen Fassade.

Kindliches Interesse zum Lernen nutzen

Feuer und Flamme sein

Genauso wie ein Lehrer nur dann gut ist, wenn er sich selbst für sein Fach begeistern kann, sollten Sie als Eltern die Begeisterung für ein Thema teilen. Das heißt, Sie sollten Ihrem Kind vorleben, wie interessant und lehrreich es sein kann, immer neugierig zu bleiben, nachzufragen, den Dingen auf den Grund zu gehen und

Zeigen Sie Interesse und Begeisterung für das, was Ihr Kind tut.

offen zu bleiben. Dann versteht Ihr Kind auch, dass es wichtig ist, selbst hinter die Fassade der Dinge zu blicken. Die Frage nach dem Warum darf nie verstummen – in keinem Alter.

Lernen für Erfolgserlebnisse

Erfolge motivieren. Deshalb sollte der gesamte Lernprozess einer endlosen Kette von kleinen Erfolgen ähneln.
Planen Sie dafür das Lernen so, dass Sie Ihrem Kind Zwischenziele setzen, die es auf alle Fälle erreichen kann. Fordern Sie Ihr Kind aktiv auf, diese Teilziele am besten auf eine Liste zu schreiben und an die Pinnwand zu hängen.

Leistung anschaulich machen

Jeder erledigte Punkt wird abgehakt. So sieht Ihr Kind genau, was es geleistet hat.

Lernen mit Durchblick

Oft kommt das Interesse erst beim Lernen selbst, wenn Ihr Kind entdeckt, was es alles mit dem erworbenen Wissen anfangen kann. Unterstützen Sie das: Machen Sie deutlich, warum es sinnvoll ist, bestimmte Themen zu kennen, was dies im täglichen Leben bringt, was es Ihnen persönlich schon gebracht hat – oder dass es auch mal unangenehm war, weil Sie bestimmte Dinge nicht gelernt haben.

Anekdoten und Zukunftsaussichten

Eine tolle Motivation zum Vokabelnlernen ist zum Beispiel, dass man anschließend die Liedtexte der englischen Lieblings-Popgruppe besser versteht.

Lernen für eine Belohnung

Das Thema Belohnung hat viele Facetten: Wird Belohnung zur Gewohnheit, kann sie schnell zum obligatorischen »Lösegeld« verkommen. Andererseits ist eine Erziehung ohne Belohnung kaum möglich. Und sie funktioniert meist und macht das Leben für die Eltern bedeutend leichter. Es kommt also darauf an, Belohnung mit Bedacht zu dosieren und gezielt als Motivationsbeflügler einzusetzen.
Bereiten Sie sich rechtzeitig darauf vor, was Sie als nächste Belohnung einsetzen wollen. Spontane Einfälle laufen häufig auf die fantasielosen Süßigkeiten oder Fernseheinheiten hinaus. Stellen Sie sich immer wieder die Frage: Was macht meinem Kind Freude?

Sinnvoll belohnen

Was macht es gerne? Für was interessiert es sich? Eine Belohnung kann schon sein, eine halbe Stunde länger als üblich beim

Schöne Erlebnisse als Familie – eine Belohnung, die Kinder lieben!

Freund bleiben zu dürfen oder bei ihm zu übernachten. Das kann eine Hörkassette sein, ein Buch oder ein Computerspiel. Das kann ein Schwimmbadbesuch am Wochenende sein. Das kann nach guten Noten im Zeugnis ein Ausflug in einen Freizeitpark sein. Setzen Sie Geld als Belohnung nur selten ein. Vielleicht helfen Ihnen folgende Tipps:

Zeit mit Freunden genießen

- Belohnung muss nicht immer materieller Art sein: Oft reicht es schon, wenn Ihr Kind weiß, dass Sie stolz sind, wenn es eine bestimmte Sache erledigt.
- Liebe und Zuwendung sind keine guten Belohnungen, denn sie sollten immer verfügbar sein. Kommen sie erst als Belohnung zum Tragen, heißt das immer die Androhung eines Liebesentzuges.
- Der Wert der Belohnung sollte immer in einem gesunden Verhältnis zur Leistung stehen.
- Setzen Sie möglichst oft Belohnungen ein, die längerfristig wirken und die Motivation über einen längeren Zeitraum aufrechterhalten. Vergeben Sie zum Beispiel Punkte für Zwischenleistungen, etwa Lernsitzungen. Erst wenn eine bestimmte Gesamtpunktzahl erreicht ist, ist die große Belohnung fällig.
- Überbetonen Sie Belohnungen nicht, machen Sie sie nicht zum Hauptziel des Lernens.
- Benutzen Sie Belohnungen nur im Ausnahme-, nicht im Regelfall. Routineaufgaben wie das Erledigen der Hausaufgaben sollten ganz selbstverständlich und ohne Belohnung erbracht werden.

Erst Idiot genannt, dann als Idol bekannt

Albert Einstein galt in seiner Schule alles andere als begabt. Er hegte eine tiefe Abneigung gegen stumpfes Pauken. Stattdessen interessierte er sich für mathematische Probleme, die zu lösen ihm weit mehr Freude bereitete. Trotz schwacher schulischer Leistungen bewarb er sich um die Aufnahme an der Technischen Hochschule in Zürich. Die Aufnahmeprüfung schaffte er erst im zweiten Anlauf. Auch im Studium war er nur mittelmäßig und wurde nach dem Examen nur »technischer Experte dritter Klasse« am Patentamt in Berlin. In dieser Zeit entwickelte er die Grundlage seiner Relativitätstheorie – die Basis für seine Karriere.

John Major, früherer britischer Premierminister, musste mit 16 Jahren ohne Abschluss die Schule verlassen. Er fiel durch die Prüfung zum Busfahrer, da er die einfachen Rechenprüfungen nicht schaffte. Major absolvierte eine Reihe von Fernkursen und danach eine Banklehre, die Grundlage für seine Karriere. Bevor er Premierminister wurde, war er als Schatzmeister für Großbritanniens Staatsfinanzen verantwortlich – nicht schlecht für einen Rechenversager.

Justus von Liebig war einer der bekanntesten Chemiker. Der Rektor seiner Schule bescheinigte seinen Eltern, ihr Sohn sei eine Plage aller Pädagogen. Daraufhin nahm ihn der Vater von der Schule und steckte ihn in eine Apothekerlehre. Sein Interesse für Chemie kannte keine Grenzen mehr, nachdem er den Dachstuhl des Apothekers in die Luft gesprengt hatte.

Thomas Alva Edison wurde von seinem Lehrer vor der ganzen Klasse als »Hohlkopf« beschimpft. Er verließ den Klassenraum und kehrte nie wieder in seine Schule zurück. Stattdessen unterrichtete ihn seine Mutter privat. Als sie ihm das naturwissenschaftliche Buch »Schule der Naturphilosophie« schenkte, weckte das sein Interesse an Physik, Chemie und Technik.

Lernen ohne Frust

Vielleicht kennen Sie solche Situationen: Ihr Kind hat Streit mit Freunden, das Computerspiel funktioniert nicht, und immer noch sucht es nach einer Geschenkidee für Vaters Geburtstag … Wie kann es sich da auf das Lernen konzentrieren?

Was das Lernen blockiert

Sorgen, Streit und Frust erschweren das Lernen. Alles, was uns gefühlsmäßig in Anspruch nimmt, erzeugt »emotionale Lernhemmungen« und wirkt sich störend aus. Die Gedanken schweifen ab, die Konzentration schwindet, die Motivation geht verloren.
Deshalb müssen vor dem Lernen störende emotionale Einflüsse beseitigt werden. Helfen Sie Ihrem Kind, wieder zur Ruhe zu kommen: Beruhigen Sie es, sprechen Sie mit ihm, lassen Sie ihm etwas Zeit und lösen Sie wenn möglich das Problem. Erst dann kann Ihr Kind sich wieder ganz dem Lernen zuwenden.

Stress und andere Lernblockaden

Die Bedingungen, unter denen heute viele Kinder aufwachsen, bringen zahlreiche Stressfaktoren mit sich, die zu Lernblockaden führen können: Den Kindern bleibt immer weniger Zeit zum Spielen – sie sind nahezu ohne Pause verplant mit Freizeitaktivitäten. Ein riesiges Angebot an Spielzeug und Unterhaltungsmedien trägt auch dazu bei, dass Kinder kaum noch Gelegenheit haben, sich in Ruhe längere Zeit mit einer einzigen Sache zu beschäftigen.

Prioritäten setzen

Dazu kommen oft noch Probleme in der Schule und im Elternhaus, außerdem Faktoren wie Ernährungsfehler, Bewegungsmangel und Umweltbelastungen. Das alles wird den meisten Kindern zu viel, und nicht selten schalten sie schließlich ab. Häufig unbemerkt von den Eltern.

Was die Lust am Lernen bremst

Manche Bedingungen und Voraussetzungen sind ganz und gar nicht förderlich für ein entspanntes Lernen. Vielleicht kennen Sie einige der folgenden?

- Emotionale Spannungen zwischen einem Elternteil und dem Kind können die Ursache für negative Rituale sein. Diese können Lernfortschritte verhindern. Auf Seiten der Eltern entstehen diese Spannungen durch Überforderung und Stress, auf Seiten der Kinder durch Trotzreaktionen. Dies zu erkennen erfordert eine gute Portion Selbstkritik von Ihnen. Finden Sie – wenigstens vorübergehend – eine andere Vertrauensperson, der sich das Kind öffnet. Das kann der andere Elternteil sein, ein älteres Geschwister oder ein Freund.
- Ähnlichkeitshemmungen treten auf, wenn relativ gleicher Lernstoff direkt nacheinander gelernt wird. Es kommt dann zu Verwechslungen, so genannten Interferenzen. So verwechseln zum Beispiel Schulanfänger oft die Buchstaben D und B, wenn sie das Alphabet lernen. Beim Rechnen passiert das mit Addition und Subtraktion: Auf dem Papier sehen die Aufgaben recht ähnlich aus, aber die Regeln sind verschieden. Wenn ein Kind diese Regeln gerade lernt, sollte es nicht beide Rechenarten direkt nacheinander üben.

Auf Inhalte achten

- Falsche Pausenbeschäftigungen können das Lernen behindern. Pausen sind wichtig (siehe auch Seite 45). Wenn die Beschäftigung dabei aber zu viel Spaß macht, besteht die Gefahr, dass das Kind nicht mehr rechtzeitig und konzentriert weiterlernt. Tätigkeiten im Haushalt sind deshalb beispielsweise für Lernpausen geeignet: Sie wecken nicht allzu viel Begeisterung, sorgen aber doch für Abwechslung und etwas Bewegung.
- Zeitdruck tötet den Lerneifer: Lassen Sie Ihrem Kind genug Zeit zum Überlegen. Jede selbst gelöste Aufgabe motiviert. Seien Sie nicht zu ungeduldig, geben Sie nicht ständig Lösungen vor, sondern stellen Sie lieber geschickte Fragen, mit denen Sie Ihr Kind auf die richtige Fährte locken.

Körpertraining fürs Gehirn

Geistig und körperlich fit bleiben

Wie der Körper, so muss auch das Gehirn fit gehalten werden. Und das kann nicht nur auf geistiger Ebene (siehe Tipps und Übungen ab Seite 74), sondern auch mithilfe von Körperübungen geschehen.
Die so genannte Lerngymnastik, auch als Brain Gym bekannt, besteht aus einer Reihe von Bewegungsübungen, die gegen Lernblockaden eingesetzt werden können. Diese Methode wurde von Paul Dennison entwickelt, dem Begründer der Edu-Kinestetik (siehe Kasten unten).

Lernen ist ein ganzheitlicher Prozess

Einige Übungstipps

Alle hier vorgestellten Übungen sind kinderleicht und für jedes Alter geeignet. Üben Sie zunächst gemeinsam mit Ihrem Kind. Später wird es die Übungen nach Bedarf auch selbst anwenden.
Ein ausführliches Übungsprogramm zum Thema Brain Gym finden Sie im Buch »Kinesiologie für Kinder« (siehe Seite 124).
Ihr Kind sollte alle Überkreuzübungen abwechselnd und in gleichmäßigem Rhythmus mehrmals durchführen, bis sie ihm ganz leicht fallen.

Edu-Kinestetik – was ist das?

Diese Lehre von der Bewegung und den Bewegungsabläufen des menschlichen Körpers entwickelte der Pädagoge Paul Dennison nicht zuletzt aufgrund eigener schwieriger Lernerfahrungen in der Kindheit.

Educational Kinesiology ist eine Synthese von pädagogischen und kinesiologischen Elementen. Brachliegende Potentiale und Fähigkeiten sollen durch gezielt eingesetzte Bewegungen und Berührungen aktiviert und wieder verfügbar gemacht werden.

Hand aufs Knie – so kommt auch das Denken in Schwung.

Hier werden Konzentration und Aufmerksamkeit gefördert.

Überkreuzbewegung

Mit der Überkreuzbewegung werden beide Gehirnhälften aktiviert. Die Koordination der Bewegungsabläufe wird verbessert.

So wird's gemacht

- Diese Haltung ist die übliche Ausgangsposition für alle Übungen: Ihr Kind steht aufrecht und entspannt und lässt die Arme locker nach unten hängen.
- Jetzt hebt es das rechte Knie nach vorn, bis seine linke Hand ohne Anstrengung das rechte Knie berühren kann. Dann das Bein wieder absetzen und den linken Arm locker nach unten fallen lassen. Nun das linke Knie anheben und auf die gleiche Weise mit der rechten Hand berühren. Einige Male nach beiden Seiten durchführen, bis Ihrem Kind die Bewegung ganz leicht fällt.

Überkreuzbewegung nach hinten

Diese Übung hilft Blockaden aufzulösen. Solche können vorliegen, wenn Ihr Kind zum Beispiel oft unkonzentriert ist oder bei den Hausaufgaben einfach abschaltet. Die Überkreuzbewegung nach hinten schafft ein Gleichgewicht zwischen Konzentration und Entspannung.

So wird's gemacht

- Ihr Kind steht entspannt in der Ausgangsposition (siehe Übung links). Die Beine werden jetzt abwechselnd nach hinten angewinkelt, so dass die Füße Richtung Po geführt werden. Dabei berührt die linke Hand die rechte Ferse, die rechte Hand die linke Ferse. Der Bewegungsablauf ähnelt ein wenig dem bayerischen Schuhplattler.

Die liegende Acht

Diese Mal-Übung schult die Koordination.

Diese Übung hilft vor allem bei Lese- und Schreibproblemen. Sie kombiniert die Bewegungselemente von Kreis und Schleife und fördert die Koordination von rechtem und linkem Sehfeld.

So wird's gemacht

▶ Das Kind steht in Ausgangsposition (siehe Seite 55). Die linke Hand zeichnet nun mit einer möglichst großen Bewegung waagerecht vor dem Körper die liegende Acht in die Luft. Begonnen wird in der Mitte mit einer Bewegung nach oben. Die Augen folgen den Fingerspitzen, der Kopf bewegt sich ganz leicht mit. Nun das Ganze mit der rechten Hand. Jede Hand sollte drei Achten beschreiben. Dann wird mit beiden Händen zusammen eine liegende Acht beschrieben.

Simultanzeichnen bringt Orientierung

Mit dieser Zeichenübung kann Ihr Kind Orientierungssinn, Raumbewusstsein und visuelles Unterscheidungsvermögen ausbilden.

So wird's gemacht

▶ Das Kind steht in Ausgangsposition (siehe Seite 55) und zeichnet mit großen Armbewegungen auf einer echten oder fiktiven Tafel beliebige Formen und Figuren (wie Kreise, Bäume, Sterne oder Schlangenlinien). Dabei zeichnen beide Hände simultan das gleiche Motiv, nur spiegelbildlich.

Keine Angst vor Tests

Anspannung und Nervosität vor und während Klassenarbeiten kennen Sie sicher noch aus Ihrer eigenen Schulzeit. Und ein bisschen Aufregung gehört eigentlich auch dazu: Ein gewisses, noch gesundes Maß an Nervosität, das mulmige Gefühl im Bauch – all das wirkt durchaus leistungsfördernd. Diese biologische Reaktion schärft die Sinne und den Verstand und steigert die Aufnahmebereitschaft für Informationen. Selbst erfahrene Schauspieler spüren das Lampenfieber und brauchen es für den speziellen Kick. Wenn an die Stelle der

Aufregung allerdings Gleichgültigkeit tritt, ist das ein gefährliches Zeichen. Das kann die Leistung stark verringern, und zu viel Lässigkeit ist genauso wenig zuträglich wie panisches Verhalten.

Prüfung – wozu das denn?

Es mag sein, dass Sie Prüfungen negativ bewerten, sie als überflüssig, nervenaufreibend und teilweise auch ungerecht betrachten. Man kann sie aber auch positiv sehen: Sie bieten die Chance, sein Wissen zu messen, Schwächen zu erkennen und sie zu beheben. Geprüft zu werden bedeutet eben, dass man bewertet wird. Allein diese Tatsache erzeugt Widerstände. Hinzu kommt die Angst vor einem Scheitern. Sollte Ihr Kind unter stark hemmender Prüfungsangst leiden, müssen Sie etwas dagegen unternehmen.

Gefühle, die jeder kennt

Zuallererst ist wichtig: Prüfungsangst ist nichts, wofür man sich schämen müsste. Sie ist weit verbreitet. Auch wenn es keine allgemein gültigen Patentrezepte gibt, haben Sie verschiedene Möglichkeiten, Ihrem Kind zu helfen, damit es lernt, mit seiner Angst umzugehen.

Vor der Prüfung

Wenn man erfolgreich gegen Prüfungsangst angehen will, ist der wichtigste Schritt, frühzeitig mit den Vorbereitungen zu beginnen. Damit entsteht eine solide Wissensbasis, und es gibt keinen Zeitdruck. Sobald der Termin einer Klassenarbeit bekannt ist, sollte er umgehend im Hausaufgabenplaner oder in einem Wandkalender eingetragen werden. Für die Planung ist wesentlich, zu wissen, was genau geprüft wird und welcher Lernstoff wirklich wichtig ist. Bei Unklarheiten sollten Sie den Lehrer fragen. Wie man Lernstoff beim vorbereitenden Lernen zu Hause sinnvoll einteilt, erfahren Sie ab Seite 43.

Beste Voraussetzungen fürs Gelingen

Wichtig ist, dass Sie eine positive, entspannte Atmosphäre beim Lernen schaffen. Ihr Kind spürt es, wenn Sie Zweifel an seiner Leistung haben. Auch hektische Klassenkameraden, Besserwisser oder Schwarzmaler sind nicht die richtigen Helfer, wenn Ihr Kind vor Prüfungen Angst hat.
Je nachdem, ob schriftlich oder mündlich geprüft wird, muss der richtige Lernweg gewählt werden: Für mündliche Prüfungen ist es wichtig, das Gelernte laut zu formulieren.

Während des Tests

Helfen Sie Ihrem Kind, sich auch während der Prüfung richtig zu verhalten. Das gibt Sicherheit!

Aufgaben genau durchlesen

Oft werden Dinge in der ersten Hektik übersehen oder falsch verstanden. Deshalb sollte die Aufgabe immer zuerst einmal ganz in Ruhe durchgelesen werden – wenn nötig, ruhig auch ein zweites Mal. Ist die Aufgabe dann immer noch unklar, sollte sich Ihr Kind trauen, beim Lehrer nachzufragen.

Reihenfolge festlegen

Prüfungserfolge brauchen eine gute Vorbereitung.

Zunächst sollte die Arbeit eingeteilt und eine Reihenfolge festgelegt werden. Am besten fängt Ihr Kind mit dem an, was es schon ganz gut kann. Das gibt Sicherheit und bringt Erfolgserlebnisse.

Leserlich schreiben

Ab 3. Klasse

Schreibt Ihr Kind leserlich, so hilft es dem Lehrer und sich selbst zugleich. Besonders wichtig: Nach jeder Aufgabe etwas Platz lassen, falls es später noch etwas hinzufügen will, und Fehler deutlich durchstreichen.

Kurze Pausen einlegen

Luft holen, ruhig bleiben

Wenn eine Aufgabe erledigt ist, sollte Ihr Kind den Stift kurz zur Seite legen, die Augen schließen und tief durchatmen. Auch wenn es einfach nicht weiterkommt, hilft eine kurze Entspannungspause (siehe auch Seite 71) – danach geht es entspannter weiter.

Nach der Klassenarbeit

Wenn Ihr Kind die Klassenarbeit zurückbekommt und die Note feststeht, sollte es die Fehler genau anschauen. Taucht ein Fehler immer wieder auf, sollte diese Schwachstelle besonders geübt und trainiert werden.
Suchen Sie auch kleine, erkennbare Erfolge und loben Sie Ihr Kind dafür. Das brauchen besonders Kinder mit einer Teilleistungsschwäche (siehe Seite 87 und 101). Helfen Sie Ihrem Kind bei der kritischen Selbstanalyse. Vermitteln Sie ihm auch nach schlechten Noten Zuversicht.

Wiederholen: Verschüttetes kehrt zurück

Können Sie sich noch an alle Namen Ihrer früheren Mitschüler erinnern. Nein? Und das, obwohl Sie wahrscheinlich mit den meisten von ihnen jahrelang Tag für Tag zusammen waren!
So ist das mit dem Gedächtnis: Gelerntes, das nicht gebraucht wird, vergisst es scheinbar. Das Gehirn schafft aber nur Platz für Neues. All die Informationen sind nämlich nicht wirklich vergessen, sie verblassen nur. Sobald sie erneut aktiviert werden, sind sie wieder da. Und mehr noch: Mit einer einzigen Erinnerung öffnet sich oft plötzlich eine ganze vergessene Welt. Wenn Sie den Namen eines ehemaligen Mitschülers hören, erinnern Sie sich auch daran, was Sie mit ihm erlebt haben. Das Gleiche gilt auch für all das, was man in der Schule lernt.

Erinnerungen sind miteinander vernetzt

TIPP!

Wiederholung tut gut: Hausaufgaben sind nicht doof

Über Sinn und Unsinn von Hausaufgaben wird viel gestritten. Die Schüler beklagen sich über das zusätzliche Pensum, das sie zu Hause noch bewältigen müssen. Eltern baden die schlechte Laune aus, müssen ermahnen, nachprüfen, anspornen. Nicht selten gibt es Ärger und Auseinandersetzungen am Nachmittag. Das muss nicht sein, wenn Sie die richtigen Bedingungen schaffen und Ihrem Kind helfen, geeignete Strategien zu erlernen. Denn Hausaufgaben machen Sinn: Die Kinder wiederholen damit das Gelernte permanent. Dafür sind Hausaufgaben gut:

- Wer Lernstoff vom Unterricht wiederholt, kann ihn sich besser merken. Das ist erwiesen.
- Der gelernte Stoff wird auf neue Situationen – andere Aufgaben – angewendet. Er prägt sich so besser ein. Ein Beispiel: Je häufiger das Kind das Prinzip der Multiplikation oder eine mathematische Formel mit unterschiedlichen Zahlen anwendet, desto eher begreift es auch den Sinn.
- Hausaufgaben helfen, vorhandene Lücken zu erkennen, so dass Fehlendes systematisch nachgelesen werden kann (siehe Seite 98). Am nächsten Tag kann man gezielt nachfragen.
- Hausaufgaben fördern das selbstständige Arbeiten. Es macht also keinen Sinn, immer gemeinsam mit dem Kind Hausaufgaben zu machen. Viel wichtiger ist, dass Ihr Kind lernt, sich Stoff und Zeit selbst einzuteilen (Tipps ab Seite 42).
- Noch ein Vorteil, der schnell sichtbar wird: Ein Kind, das regelmäßig Hausaufgaben erledigt, ist besser auf die nächste Klassenarbeit vorbereitet.

Einige Grundregeln für das Wiederholen

● Es macht keinen Sinn, 50 Vokabeln an einem Tag zu pauken und sich dann den Rest der Woche davon zu »erholen«. 10 neue Vokabeln an jedem der fünf Tage – mit Wiederholung der an den Vortagen gelernten – prägen sich besser ein (siehe auch Seite 111).

Wiederholen sollte zu einer guten Gewohnheit werden

● Das Wiederholen sollte möglichst bald nach dem erstmaligen Lernen erfolgen, nicht erst kurz vor der Klassenarbeit. Sich immer mal wieder mit dem Stoff zu beschäftigen – ruhig alle paar Tage – ist bedeutend wirksamer.

● Lernstoff, der schon länger zurückliegt, sollte auch ohne konkreten Anlass wiederholt werden.

Regelmäßige Wiederholung ist für das Einprägen unerlässlich.

Das erfordert natürlich etwas Selbstdisziplin! Verschüttetes Wissen kommt aber so wieder an die Oberfläche. Im Ernstfall kann man darauf dann leichter und schneller wieder zurückgreifen. Häufig bauen neue Themen auch auf älterem Lernstoff auf, weil Lehrer davon ausgehen, dass dieser bereits sicher »sitzt«.

● Beim Wiederholen ist es sehr nützlich, neue Zusammenhänge herzustellen und Vergleiche zu ziehen. Ein Beispiel: Deutschland mit seinen 357 000 Quadratkilometern Fläche ist etwa ebenso groß wie Japan mit 376 000 Quadratkilometern. Lernt man so, verankern sich Informationen besser (siehe auch Kasten auf der rechten Seite).

Verbindungen schaffen

● Oft tauchen Fragen erst beim Wiederholen auf. Ist das der Fall, schreibt man sie zunächst auf, schlägt sie dann nach, fragt beim Lehrer nach oder bespricht sie mit Mitschülern.

● Grundsätzlich gibt es zwei Arten des Wiederholens. Je nachdem, wofür man lernt, wählt man zusammenfassendes oder gründliches Wiederholen.

Zusammenfassendes Wiederholen

Bei dieser Art des Wiederholens geht es darum, sich wesentliche Dinge noch einmal zu vergegen-

TIPP!

»Sinn-voll« wiederholen: Wer alle Sinne einsetzt, merkt sich's besser

Möglichst viele Sinne beim Lernen zu aktivieren hilft beim Lernen (siehe Seite 30 ff.) ebenso wie beim Wiederholen. Diese Möglichkeiten gibt es:

- Wer laut denkt, also die wichtigsten Dinge wirklich ausspricht, statt sie nur zu lesen, muss nicht nur seine Gedanken in Worte fassen, sondern benutzt auch das hörende System zur Verankerung des Lernstoffs in seinem Gedächtnis. Dabei kann ein Aufnahmegerät helfen: Der Lernstoff kann aufgenommen und gleich danach – oder auch später – wieder angehört werden. Mit einem kleinen Mikro am Computer geht das übrigens auch ausgezeichnet.
- Vielen Kindern hilft es, beim Wiederholen zu zeichnen. Nahe liegend ist das bei bildlichem Lernstoff, etwa die unterschiedlichen Blattformen von Eiche, Buche und Birke. Später helfen Schemazeichnungen und Flussdiagramme, um sich Zusammenhänge einzuprägen. Die Mind-Map ist ein solches »Aufmalsystem«, mit dem man sich sehr gut Zusammenhänge verständlich machen kann (siehe ab Seite 116).
- Eine andere Art bildhaften Denkens ist die Visualisierung, bei der man Fantasie und innere Vorstellungskraft nutzt. Wenn Ihr Kind neuen Lernstoff gehört oder gelesen hat, soll es die Augen schließen und sich die Inhalte noch einmal vor dem inneren Auge vorstellen. Diese selbst konstruierten Gedankenbilder prägen sich oft sehr gut ein. Probieren Sie es spielerisch, indem Sie eine Geschichte vorlesen. Ihr Kind soll sich mit geschlossenen Augen das Geschehen bildlich vorstellen und die Geschichte anschließend nacherzählen.

wärtigen. Die Leitgedanken oder Grundideen einer Sache werden rückblickend kurz überflogen. Das Wichtigste und Schwierigste wird noch einmal gelesen, eventuell auch laut gesprochen.

Gründliches Wiederholen

Steht ein Test oder eine Klassenarbeit an und gilt es, noch einmal größere Mengen an Informationen zu verinnerlichen, ist gründliches Wiederholen angesagt. Zuerst sollte Ihr Kind den Lernstoff überschauen, wesentliche Punkte erfassen und dann den gesamten Stoff erneut in kleine Einheiten zum Lernen unterteilen (siehe ab Seite 43).

Ein Frage-Antwort-Spiel machen

Alle wesentlichen Fakten und Schlüsselwörter werden nun ausführlich abgefragt, eigene Fragen zum Lernstoff entwickelt und mögliche Antworten formuliert. Zum gründlichen Wiederholen gehört auch, dass man sich Notizen macht, um komplizierte Zusammenhänge in eigene Worte oder Bilder (siehe Seite 103) zu fassen, und dass man Beispielaufgaben löst.

Wann ist Nachhilfe sinnvoll?

Gezielte Unterstützung ist gefragt

Was früher noch als Makel galt, ist heute ganz normal: Nachhilfe. Jeder dritte Schüler nimmt sie in Anspruch. Rund 3000 kommerzielle Anbieter sind in Deutschland auf dem Markt. Eltern zahlen willig für die Extrastunden, frei nach dem Bonmot von Benjamin Franklin: »Eine Investition in Wissen bringt immer noch die besten Zinsen.« Doch nicht für alle Kinder ist Nachhilfe sinnvoll. Sie eignet sich nur in bestimmten Situationen:

- Wenn Ihr Kind Unterricht versäumt hat, etwa wegen längerer Krankheit.
- Wenn der Unterricht nicht ausreicht: weil er oft ausfällt, verschiedene Lehrer unterrichten oder die Schule gewechselt wurde.
- Wenn Ihr Kind wegen Schwierigkeiten in der Familie – zum Beispiel aufgrund einer Trennung oder Scheidung – Probleme mit Konzentration und Aufnahmefähigkeit hat.
- Wenn die gut gemeinte Hilfe der Eltern scheitert. Das kann verschiedene Gründe haben: Vielleicht ist der Lernstoff zu komplex. Oder das Eltern-Kind-Verhältnis ist in der Nachhilfesituation emotional schwierig. Das innige Verhältnis zum Kind wirkt sich dabei manchmal hemmend aus. Ein neutraler, externer Nachhilfelehrer kann da eher eine Autoritätsperson sein.
- Spezielle Nachhilfe kann helfen, besonders begabte Kinder in ihren Talenten zu fördern.

Und wann machen »Extrastunden« keinen Sinn?

Die Individualität des Kindes berücksichtigen

- Die Nachhilfe kann keine Lerntherapie ersetzen, etwa für Kinder mit Aufmerksamkeitsdefiziten, Rechen- oder Lese-Rechtschreib-Schwäche. Die Zahl der Anbieter, die Kombinationen aus Nachhilfe und Therapie anbieten, nimmt zwar zu. Erkundigen Sie sich jedoch vorher – zum Beispiel bei einer schulpsychologischen Beratungsstelle –, ob die Qualifikation dieser Institute ausreichend ist.
- Es bringt nichts, Kinder, die im Gymnasium unglücklich sind, mit Nachhilfe bis ins Abitur zu quälen. Muss ein Kind eine Schullaufbahn nehmen, die ihm nicht liegt, kann das nicht durch Nachhilfe ausgeglichen werden.
- Im Trend liegt auch die Nachhilfe für Kinder in der Grundschule, damit sie in der vierten Klasse die erforderlichen Noten für den Übertritt ins Gymnasium bekommen. Häufig ist hier der überzogene Ehrgeiz der Eltern die Ursache – und nicht ein wirklicher Bedarf bei den Kindern.

TIPP!

Darauf sollten Sie bei der Auswahl der Nachhilfe achten

Bevor Sie sich für eine bestimmte Nachhilfe entscheiden, sollten Sie auf jeden Fall ein Gespräch mit dem Klassen- oder Verbindungslehrer führen, um die Ursachen für die Leistungsschwäche Ihres Kindes näher zu beleuchten. Haben Sie sich dafür entschieden, Ihrem Kind Nachhilfe geben zu lassen, hinterfragen Sie vor allem Folgendes:

- Welche Erfahrungen und welche Ausbildungen haben die Nachhilfekräfte? Ihr Kind sollte nicht zum Versuchskaninchen werden.
- Wie groß ist die Nachhilfegruppe? Grundsätzlich ist Gruppennachhilfe der Einzelnachhilfe vorzuziehen. Es entsteht eher die Atmosphäre einer Arbeitsgemeinschaft, die Kinder können sich dabei gegenseitig helfen und profitieren auf diese Weise von der Vielfalt der Gruppe. Mehr als drei Kinder sollten jedoch nicht in einer Gruppe sein.
- Sind die Kinder ungefähr in der gleichen Klassenstufe?
- Nachhilfe ist keine Hausaufgabenbetreuung. Nur in Ausnahmefällen sollten deshalb in der Nachhilfestunde Hausaufgaben erledigt werden.
- Orientieren sich die Nachhilfekräfte an den Methoden und Unterlagen der Schule?
- Wie lange müssen Sie sich vertraglich an den Nachhilfelehrer oder das Institut binden? Können Sie monatlich oder wenigstens vierteljährlich kündigen?
- Vergleichen Sie die Preise der Institute.
- Müssen die Ferien mit bezahlt werden, auch wenn keine Nachhilfe stattfindet?
- Besteht die Möglichkeit, den Nachhilfeunterricht probeweise zu testen?
- Welche zusätzlichen Kosten fallen für Unterrichtsmaterial an?
- Wie gut ist das Unterrichtsmaterial? Ist es zum Beispiel altersgerecht, deutlich lesbar, in neuer Rechtschreibung?
- Erhalten Sie regelmäßig Rückmeldungen über den Lernfortschritt Ihres Kindes?
- Findet der Unterricht in geeigneten Räumen statt?
- Hat der Nachhilfelehrer Kontakt mit der Schule Ihres Kindes?
- Werden die Nachhilfelehrer fortgebildet?

Informationen finden – wo und wie?

Fragen – aber wo?

In der weiterführenden Schule wird die selbstständige Beschaffung von Informationen immer wichtiger. Denn neben einer fundierten Allgemeinbildung spielt Spezialwissen eine wachsende Rolle in unserer Gesellschaft. Der Wissenszuwachs ist aber inzwischen so enorm, dass man schnell den Überblick verliert. Es ist daher heute ein ganz besonders wichtiges Lernziel, dass ein Kind weiß, wie es gezielt an Informationen kommt und wie es diese bewerten muss.

Streifzug durch Bibliotheken

Wichtige Orte der Informationsbeschaffung sind Bibliotheken, in denen man gegen eine geringe Gebühr – für Kinder meist kostenlos – Bücher ausleihen kann. Die Scheu vor den schier endlosen Bücherregalen ist unbegründet: Jeder Bibliothekar gibt gern Auskunft, wie man zwischen den Regalen und im Katalogsystem zurechtkommt und altersgerechte Medien findet. Das gilt übrigens auch für Erwachsene, für die eine Bibliothek Neuland ist.

Jede Bibliothek ist inzwischen auch auf ganz junge Leser eingerichtet, manche haben sogar große Abteilungen eigens für Kinder. Übrigens gibt es in Bibliotheken nicht nur Bücher. Die meisten führen auch Zeitschriften, Hörkassetten, Videos, DVDs. Viele Bibliotheken bieten einen Internetzugang an. Gehen Sie mit Ihrem Kind regelmäßig in die Bücherei und entdecken Sie gemeinsam mit ihm die Möglichkeiten. Stellen Sie ihm kleine Aufgaben, etwa, einen kindgerechten Reiseführer für den nächsten Urlaub aufzuspüren.

Spannend und nützlich: Ein Streifzug durch die Bibliothek.

Initiative zeigen

Gewöhnen Sie Ihr Kind daran, mit Menschen zu reden, die ein Spezialwissen besitzen, gleich, ob es Bekannte und Verwandte sind oder ob sie in Firmen und Behörden sitzen. Überlegen Sie gemeinsam mit Ihrem Kind, wen man nach einer bestimmten Information fragen kann. Warum nicht mal eine städtische Kläranlage anrufen oder sogar besuchen, wenn Ihr Kind eine Frage dazu in der Schule beantworten soll? Leiten ruhig Sie das Gespräch mit dem Experten ein, wenn sich Ihr Kind noch nicht traut. Zeigen Sie, dass Nachfragen das Einfachste der Welt ist.

Lernen im Internet

Information im Überfluss

Das weltweite Computernetz hat sich in den vergangenen Jahren zu einem System entwickelt, in dem praktisch zu jedem Thema Informationen abrufbar sind. Man muss aber schon recht genau wissen, wie und wo man bestimmte Informationen suchen muss. Und selten ist das gefundene Wissen kindgerecht didaktisch aufgearbeitet. Daher sollten Sie folgende Tipps beachten:

- Die wichtigste Regel: Bevor man die Suche im Internet beginnt, muss man wissen, was man sucht. Sonst verliert man sich in der Vielzahl der Angebote.

TIPP!

Sichere Reise durchs www

Bekanntlich ist das Material im Internet von recht unterschiedlicher Qualität, ja, teilweise sogar gefährlich für Kinder und Jugendliche, die unbedarft mit dem Medium umgehen. Es gibt aber Möglichkeiten, Ihr Kind zu schützen:

▶ Entdecken Sie das Internet gemeinsam mit Ihrem Kind, vor allem am Anfang.

▶ Vereinbaren Sie feste Surfzeiten, so dass die Zeit im Internet als wertvolles Gut gilt und entsprechend sinnvoll genutzt wird. Es gibt günstige Software, die automatisch die Zeit limitiert. Es ist schwer zu sagen, wie lange ein Kind im Internet sein darf. Das hängt auch von der Art der Nutzung ab. Beobachten Sie, ob das Surfen Ihr Kind überfordert: Vor allem für jüngere Schüler reichen eine viertel oder halbe Stunde völlig aus.

▶ Installieren Sie auf dem Computer ein Kinderschutzprogramm, das Seiten mit gefährlichem Inhalt ausschließt. Alle größeren Anbieter von Internetzugängen bieten solche Programme an.

▶ Geben Sie Grundregeln vor: Ihr Kind darf keine Konto- und Telefonnummern eingeben und keine Programme herunterladen, deren Herkunft zweifelhaft ist.

▶ Kontrollieren Sie bei Gelegenheit, welche Internetseiten Ihr Kind ansurft. Das geht mit den Bookmarks (auch Favoriten genannt) und über den so genannten Verlauf, der angesteuerte Seiten protokolliert.

▶ Eine Auswahl guter Seiten für Schüler finden Sie im Anhang auf Seite 125.

Lehrreich und unterhaltsam: Gemeinsam im Internet surfen.

● Sinnvoll ist es, sich über gute Internetadressen von Schülerseiten zu informieren. Davon gibt es immer mehr und immer bessere. Eine kleine Auswahl finden Sie im Anhang auf Seite 125.

Mit dem Computer lernen

Fast jedes zweite Kind zwischen acht und zwölf Jahren besitzt einen Computer. Mehr als drei Viertel aller Grundschulen sind mit Rechnern ausgestattet. Sie sind heute in allen Lebensbereichen präsent. Der Umgang damit gehört zum Allgemeinwissen. Es spricht also alles dafür, dass Kinder damit umgehen können.

▶ Bedenken Sie, dass der Computer andere Lernmethoden, wie Lesen, Zuhören, Reden, Tun, nicht ersetzen kann. Nutzen Sie ihn nicht, um Ihr Kind ruhig zu stellen. Begleiten Sie es bei den ersten Computer-Erfahrungen.

Die positiven Aspekte der Technik nutzen

▶ Achten Sie darauf, welche Software Ihr Kind benutzt. Es gibt viele didaktisch gut aufbereitete CD-ROMs. Zwischen den Computerspielen und rein lernorientierten Programmen liegen die so genannten »Edutainment«-Programme, die mithilfe von Interaktion Lust und Leistung miteinander verbinden.

▶ Wenn Sie für Ihr Kind eine Lernsoftware kaufen möchten, lassen Sie sich beraten und die Programme im Laden vorführen. Viele Bibliotheken leihen CD-ROMs kostenlos aus. Sie können sie dann zu Hause in Ruhe testen.

Hilfe bei der Kaufentscheidung

Lernsoftware sollte folgende Anforderungen erfüllen:

● Sie sollte eine einfache Navigation haben, übersichtliche Grafiken und eine leicht verständliche Bedienungsanleitung.

● Ihr Kind kann das Lerntempo selbst bestimmen.

● Der Lernfortschritt sollte abgespeichert werden können.

● Die Aufgaben müssen abwechslungsreich und nach Schwierigkeit gestaffelt sein.

● Auch wichtig: Beim Lernen mit dem Programm sollten Erholungspausen möglich sein.

Glücklich und gesund – so fällt Lernen leichter

Wenn Sie Ihr Auto mit schlechtem Benzin betanken, kein Öl nachfüllen und vielleicht noch am Kühlwasser sparen würden, dann hätten Sie wohl nicht lange Freude an Ihrem Fahrzeug. Aber genau so behandeln wir unseren Körper – und verlangen dann sogar noch geistige und physische Höchstleistungen von ihm!

Richtig essen: Das braucht Ihr Kind

Das richtige »Hirnfutter« geben

Unser Gehirn ist das Organ in unserem Körper, das die meiste Energie benötigt. Es ist ein Vielfraß, zugleich aber auch ein Feinschmecker. Süßes und Fast-Food sind nicht der Brennstoff, mit dem es optimale Leistung bringt.

TIPP!

Das Einmaleins der gesunden Ernährung

Wir können in diesem Ratgeber nicht ausführlich auf das Thema gesunde Ernährung eingehen. Da es aber so wichtig ist, finden Sie hier ein paar grundlegende Informationen dazu.

Weder mit richtig vollem noch mit leerem Magen lernt es sich gut. Deshalb gilt: Ein leichtes Frühstück und eine Pausenmahlzeit helfen gegen Hungerlöcher am Vormittag. Mehrere kleine Mahlzeiten haben auch den Vorteil, dass die gleichmäßige Versorgung des Gehirns mit Zucker gewährleistet ist – wichtig für die Konzentration. Nachmittags sollten Sie bis eine halbe Stunde nach einer Hauptmahlzeit keine großen Lernleistungen von Ihrem Kind erwarten.

Geeignete Pausensnacks: Auch wenn Kinder zu Hause »schlechte Esser« sind, nehmen sie mitgegebene kleine Mahlzeiten gern an. Geeignet sind: Milchprodukte, Vollkornbrot mit Butter, Margarine oder Frischkäse, belegt mit magerem Schinken, fettarmer Wurst oder Käse, Gurkenscheiben, Tomate, Paprika oder Salatblättern, dazu frisches Obst. Schneiden Sie belegte Brote in kleinere Stücke. Stellen Sie sicher, dass Ihr Kind auch was zum Trinken hat, am besten Mineralwasser, ungesüßte Kräuter- oder Früchtetees oder Fruchtsaftschorlen. Kleine Überraschungen in der Pausenbox, etwa Trockenfrüchte oder Nüsschen, versüßen den Snack.

Obst und Gemüse sind unverzichtbar. Mischen Sie zum Beispiel frisches Obst unter Müsli oder Cornflakes, bieten Sie Fruchtsäfte an, bereiten Sie Nachspeisen mit frischem Obst zu. Mag Ihr Kind Gemüse gar nicht, pürieren Sie es als Sauce zu Nudeln, Reis oder Kartoffeln. Bunte Rohkostteller (Paprika, Karotten, Tomaten) animieren manchmal auch Salatmuffel.

Besser häufig »einen über den Durst« trinken

Eine aktuelle Studie besagt, dass Kinder von 4 bis 9 Jahren im Schnitt nur 0,5 bis 0,7 Liter pro Tag trinken! Empfohlen wird für dieses Alter etwa 1 Liter, Kinder zwischen 10 und 15 brauchen etwa 1,5 Liter am Tag.

Nicht auf dem Trockenen sitzen

Achten Sie darauf, dass Ihr Kind genug Flüssigkeit zu sich nimmt. Wer zu wenig trinkt, kann nicht konzentriert lernen. Am besten eignen sich mit Mineralwasser verdünnte Fruchtsäfte, zum Beispiel Apfelschorle. Gut sind auch Früchte- oder Eistees ohne Zucker. Animieren Sie Ihr Kind zum Trinken, stellen Sie immer etwas zu trinken in sein Zimmer. Trinken gehört zu den alltäglichen Dingen des Lebens wie Anziehen und Zähneputzen. Koffeinhaltige Getränke eignen sich nicht, weil sie dem Körper Wasser entziehen. Zudem enthalten sie viel Zucker.

Mit genügend Flüssigkeit bleibt man körperlich und geistig in Topform.

TIPP!

Gefährlich süß

Viele Untersuchungen haben bestätigt, dass zu viel Zucker nicht nur gesundheitliche Probleme wie Karies, Übergewicht und Diabetes auslösen kann. Er kann sich auch negativ auf Verhalten und Lernvermögen auswirken, vor allem bei Kindern. Bei etwa 50 Prozent der hyperaktiven Kinder verbesserte sich die Verfassung, wenn Süßigkeiten, Limonade und anderes durch Obst, Gemüse, Nüsse, Käse und Vollkornprodukte ersetzt wurden.

Lernen im Schlaf

Wer den Schlaf als »Todes Bruder« bezeichnet, tut ihm unrecht: Im Schlaf ist das Gehirn aktiv – und damit ist nicht nur das Träumen gemeint. Während wir schlafen, läuft etwas ab, was IT-Spezialisten System-Backup nennen würden: das Erstellen einer Sicherungskopie für die am Tag gespeicherten neuen Daten. Mit anderen Worten: Das tagsüber Gelernte wird aus Zwischenspeichern ins Langzeitgedächtnis überspielt (siehe ab Seite 14).

Nachts macht Ihr Hirn Sicherheitskopien

Ihr Kind sollte also immer ausreichend lange und ungestört schlafen. Im Grundschulalter braucht es etwa zehn bis zwölf Stunden Schlaf pro Nacht. Und in den Ferien ist ja genug Gelegenheit, auch ab und an die Ausnahme von dieser Regel zu leben.

Bewegung – das Tor zum Lernen

Bringen Sie Ihr Kind in Schwung

Etwa 20 Prozent aller Abc-Schützen starten ihre Schullaufbahn mit gravierenden Defiziten in ihrer Körperkoordination. Sie können nicht altersgemäß hüpfen, balancieren oder rückwärts laufen. Sie als Eltern können viel tun, um das zu vermeiden (siehe Kasten unten). Kinder, die unter solchen motorischen Schwierigkeiten leiden, haben ein höheres Risiko als ihre sportlichen Altersgenossen, Wahrnehmungsstörungen, Lese-, Rechen- und Rechtschreibschwächen zu entwickeln.

Vor 20 Jahren war es noch ganz selbstverständlich, dass Kinder täglich viele Stunden draußen herumtobten und so ihre körperlichen Fähigkeiten austesten konnten. Die meisten Kinder und Jugendlichen haben heute eine ganz andere Lebenssituation. Sie beschäftigen sich immer mehr passiv sitzend vor dem Computer und vor dem Fernseher, schauen Videos, DVDs, surfen im Internet, machen Computerspiele – zahlreiche Möglichkeiten, die Freizeit unbewegt zu verbringen. Kinder finden heute auch immer weniger Spiel- und Bewegungsräume, in denen sie spontan und gefahrlos ihren Bewegungsdrang

WICHTIG

Bewegung für Körper und Kopf: So bringen Sie Ihr Kind voran

Die folgenden Punkte sollen keine verbindliche Übersicht darüber sein, was Ihr Kind können muss. Viel wichtiger ist die Frage, wie Sie durch Bewegung die Entwicklung Ihres Kindes fördern können.

6. und 7. Jahr:

Kinder diesen Alters können einen Ball gezielt werfen und fangen, sie können Seilspringen und rund zehnmal auf einem Bein hüpfen. Beim »Hampelmann« (Arme und Beine klappen auf und zu) haben sie kaum noch Schwierigkeiten. Ansonsten sind die Fertigkeiten sehr unterschiedlich. Sie hängen davon ab, wie gut geübt wurde, etwa das Handwerken, Fahrradfahren, Schwimmen und Laufen. Vorlieben für bestimmte Sportarten prägen sich jetzt langsam aus.

8. bis 10. Jahr:

Die Kinder können mit geschlossenen Augen auf einem Bein stehen und ein Ziel mit dem Ball recht gut treffen. Teamsportarten sind jetzt ideal, um die Bewegungslust zu fördern.

11. bis 13. Jahr:

Durch die beginnende Pubertät und die damit verbundenen körperlichen Veränderungen verringert sich oft der Bewegungsdrang. Etwas Motivationshilfe von Elternseite ist jetzt nötig.

ausleben dürfen. Sie haben immer weniger Spielpartner. Manche Kinder werden auch überbehütet und in ihrem spontanen Bewegungs- und Spieltrieb zu sehr eingeschränkt.
Die Folge: Kinder mutieren zu Stubenhockern – in einem Alter, in dem sich Muskeln, Skelett und Nervensystem noch gravierend verändern und heranreifen.

Dafür ist Bewegung gut

Lernen ist ein vielschichtiger Prozess und findet nicht nur im Kopf statt. Vielmehr ist unser ganzer Organismus daran beteiligt. Vor allem Bewegung spielt eine ganz wesentliche Rolle beim Lernen. Orientierung im Raum und Gleichgewichtssinn können nur durch Bewegungen gelernt und aktiviert werden.
Erwachsene erhalten mit 2 bis 3 Trainingseinheiten von 45 bis 60 Minuten pro Woche ihre körperliche Leistungsfähigkeit. Kinder benötigen täglich mindestens zwei bis drei Stunden Bewegung, um sich körperlich, geistig und seelisch optimal zu entwickeln.
Beim Sport lernt Ihr Kind darüber hinaus Teamgeist und die Regeln des Fair Play kennen. Und es kann sich Anerkennung und Selbstvertrauen holen.

WICHTIG

Bewegung beugt Schäden vor

Schon Kindergartenkinder sitzen täglich fünf bis sechs Stunden, acht- bis zehnjährige Schulkinder 8 bis 9,5 Stunden. Folge des Bewegungsmangels: Von mehr als 28 000 untersuchten Kindern in Kindergärten hatten 65 Prozent medizinisch auffällige Befunde. Etwa 20 Prozent davon hatten Haltungsschwächen, 15 Prozent Bewegungsstörungen. Auch viele Stürze im Kindergarten- und Grundschulalter sind auf ungenügende Körper- und Bewegungserfahrung zurückzuführen. Ursache ist oft zu geringe Reaktionsfähigkeit oder die Unfähigkeit, eigene Bewegungen zu koordinieren und auf die anderer Kinder abzustimmen.

Welcher Sport ist optimal?

Vielfalt ist Trumpf

Angesagte Sportarten und Geräte wie Skateboards oder Inliner können die Bewegungsvielfalt sinnvoll bereichern. Bevor sich Kinder aber einer bestimmten Sportart zuwenden, sollten sie vielfältige motorische Erfahrungen gemacht haben: vor allem mit Bewegungen, die das Kind aus natürlichem Drang heraus selbst anstrebt – wie Springen, Laufen, Klettern, Drehen, Balancieren oder Schaukeln.
Erst bei 8-jährigen Kindern ist es sinnvoll, dass sich Eltern gezielter mit den sportlichen Neigungen und Interessen ihres Kindes auseinander setzen.

Bewegung gehört zum Kinderleben!

Entspannung statt Hochspannung

Kinder stehen oft unter Strom. Das ist einerseits gut, weil damit ihre Aufmerksamkeit für die Dinge in der Umwelt steigt. Wird der Bogen jedoch überspannt, sind sie zappelig, angespannt und unausgeglichen. Das wirkt sich negativ auf die Konzentration aus – und damit auch auf das Lernen. Es gibt zahlreiche Möglichkeiten, wie Sie Ihrem Kind zu mehr Ruhe verhelfen können. Zwei einfache Übungen stellen wir Ihnen gleich kurz vor.

Daneben gibt es komplexere Entspannungsmethoden, die erlernt werden müssen, von denen aber auch schon Kinder profitieren können. Das sind zum Beispiel Autogenes Training, Progressive Muskelentspannung und Meditation. Es empfiehlt sich, diese Entspannungstechniken möglichst früh zu erlernen. Jüngeren Menschen fällt das erfahrungsgemäß leichter. Die Übungen werden so, ähnlich dem täglichen Zähneputzen, zur Routine und können in akuten Stresssituationen sofort angewendet werden.

Schnelle Helfer gegen Stress

Atementspannung

▶ Schalten Sie störende Geräusche möglichst aus. Ihr Kind sitzt aufrecht und bequem oder legt sich auf den Rücken. Es schließt die Augen und atmet nun bewusst durch die Nase ein und durch den Mund aus. Die Hände liegen leicht auf den Rippen, so dass sich die Fingerspitzen vor dem Bauch berühren. Beim Einatmen gehen die Fingerspitzen auseinander, beim Ausatmen treffen sie wieder zusammen.

Visualisierung

Ab 1. Klasse

▶ Ihr Kind konzentriert sich auf einen Gegenstand im Raum, beispielsweise eine Blume. Diese betrachtet das Kind aufmerksam: die Form der Blätter, die Farbe der Blüte … Entspannt und gleichmäßig atmend, prägt es sich nun auch Einzelheiten ein. Danach schließt Ihr Kind die Augen und versucht, sich die Blume so detailliert wie nur möglich vorzustellen. Wenn es möchte, kann es die Blume nun auch beschreiben.

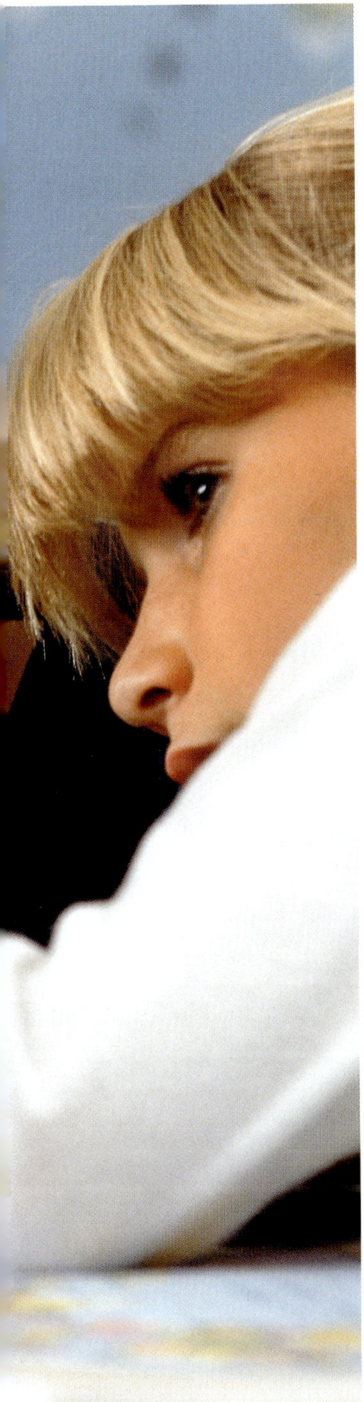

Techniken, Tipps und Übungen

Rechnen, Lesen, sich Unmengen an Wissen einprägen und behalten – in der Schule müssen unsere Kinder hohe Anforderungen bewältigen.
In Schule und Alltag hilft es ihnen, wenn bestimmte Techniken und Strategien das Merken erleichtern. Und es hilft nicht nur den Kindern! Sicher kennen Sie das: Im Supermarkt kann man sich absolut nicht erinnern, was noch fehlt. Vorm Kühlschrank zu Hause fällt es einem wieder ein – zu spät.
Mit »Hokus-Lokus« und »Body-Painting« können Sie solche Probleme getrost vergessen.

Konzentration: Der Schlüssel zum Lernen

Wer sich gut konzentrieren kann, lernt in der Regel auch gut. Er kann Informationen besser aufnehmen, verarbeiten und wieder aus dem Gedächtnis abrufen. Das ist wichtig für Lernerfolge – auch in der Schule. Dennoch haben 40 Prozent der Kinder in Deutschland laut einer Studie immer wieder Schwierigkeiten, sich zu konzentrieren. 12 Prozent leiden sogar unter chronischen Konzentrationsproblemen.

Kleiner Test: Können Sie den Würfel kippen lassen?

Was man mit Konzentrationskraft erreichen kann, erfahren Sie mithilfe des Würfels auf dem Bild unten. Er lässt sich auf zwei verschiedene Arten wahrnehmen.

Wie sehen Sie den Würfel?

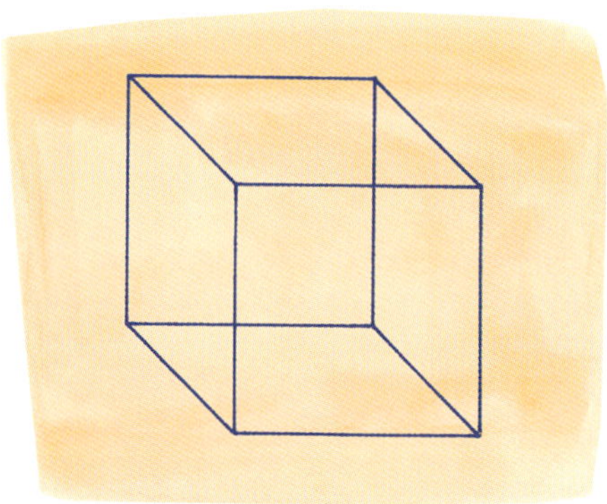

Einmal sieht man die Fläche rechts unten, einmal die links oben im Vordergrund. Versuchen Sie, das Bild mehrmals auf diese Art »kippen« zu lassen. Anfangs ist das oft recht schwer; hat man es aber einmal geschafft, geht es die nächsten Male leichter. Weitere solcher Kippbilder finden Sie auf Seite 83.

Die Konzentration im Alltag schulen

Kinder nehmen ständig Sinneseindrücke auf. Es gibt immer etwas zu sehen, zu hören, zu riechen, zu schmecken oder zu berühren. Der einzelne Sinneseindruck wird dabei oft nur kurz beachtet. Viele Eindrücke wollen wahrgenommen werden und überlagern sich. Ihr Kind sollte daher lernen, bewusst einen Sinneskanal in den Vordergrund zu stellen und die Aufmerksamkeit auf einen Aspekt zu richten. Im Spiel mit Bildergeschichten, Tönen, Klängen und Instrumenten, Geruchs- und Geschmackseindrücken lernt Ihr Kind, sich intensiv und konzentriert mit einer Sache zu beschäftigen.

Die Aufmerksamkeit bewusst lenken

14 Tipps, die die Konzentration schulen

Vielleicht fällt es Ihrem Kind zunächst schwer, bestimmte Empfindungen oder Sinne bewusst »auszuschalten«. Aber je häufiger es dieses bewusste Wahrnehmen übt, desto besser klappt es – auch im schulischen Alltag.

Mit allen Sinnen

Durch das Üben aller Sinne lernt Ihr Kind, dass die bewusste Konzentration auf eine Sache oder einen Gegenstand dazu führt, etwas intensiver wahrzunehmen (siehe auch Seite 17).

Tipp 1: Seien Sie Vorbild
▶ Leben Sie Ihrem Kind bewusste Aufmerksamkeit vor, schulen Sie ebenfalls Ihre Sinne, denn Kinder lernen auch durch Imitation. Lauschen Sie mit Hingabe einem Musikstück oder einem Vogel, der vor sich hin zwitschert. Riechen Sie mit geschlossenen Augen an einem Apfel, nehmen Sie bewusst die verschiedenen Düfte und Geschmacksvarianten wahr.

Tipp 2: Was fehlt hier?
▶ Legen Sie mehrere Gegenstände auf den Tisch. Ihr Kind schaut sich die Dinge genau an und dreht sich dann um. Sie nehmen dann einen Gegenstand weg. Ihr

Kind darf nun wieder schauen und muss benennen, was fehlt. Anfangs spielen Sie mit wenigen Gegenständen. Steigern Sie die Schwierigkeit, indem Sie die Anzahl der Gegenstände erhöhen und schließlich vielleicht auch mehrere Gegenstände entfernen.

Diese Übung schärft die Wahrnehmung.

Tipp 3: Gegenstände ertasten
▶ Nehmen Sie Gegenstände wie in der vorigen Übung. Legen Sie dieses Mal ein Tuch darüber. Geben Sie Ihrem Kind unter dem Tuch einen Gegenstand. Es soll nun ertasten, um welchen Gegenstand es sich handelt. Steigern Sie die Schwierigkeit der Übung, indem Sie mehrere ähnliche Gegenstände dazulegen (zum Beispiel mehrere unterschiedliche Mini-Autos, einige Stifte).

Tipp 4: Fernseh-Kiebitz

▶ Sogar beim Fernsehen können Sie spielerisch die Konzentration üben. Achten Sie auf die Personen. Welche Besonderheiten fallen Ihnen und Ihrem Kind auf? Wie sprechen die Menschen oder Figuren? Kann man einen Dialekt heraushören? Wie bewegen sie sich, welche Eigenschaften haben sie? Ist Pippi Langstrumpf Links- oder Rechtshänderin? Regen Sie Ihr Kind an, auch auf Details zu achten. Sprechen Sie dann über entdeckte Einzelheiten und beobachten Sie gemeinsam weiter.

Auch Kleinigkeiten beachten

Tipp 5: Höhlenbau

▶ Setzen Sie sich mit Ihrem Kind auf ein Sofa oder auf den Boden. Rücken Sie eng zusammen und legen Sie ein großes Tischtuch oder eine dünne Decke über sich. Achten Sie nun in Ihrer Höhle auf Geräusche. Kann Ihr Kind seinen Atem wahrnehmen? Wie hört sich ein Brummton an, den Sie von sich geben? Welche Töne von außen gelangen in Ihre Höhle? So können Sie vor allem die Aufmerksamkeit Ihres Kindes für akustische Eindrücke schulen.

Tipp 6: Entdeckungsspaziergang

▶ Bei einem Spaziergang mit Ihrem Kind betrachten Sie einmal die Bäume und Büsche genauer. Lässt sich in der Rinde des Baumes vielleicht ein Mensch, ein Tier oder eine Gestalt erkennen? Ist die Fantasie einmal angeregt, lassen sich auch in Baumstümpfen, Wurzeln oder Blättern die unterschiedlichsten Formen und Figuren entdecken.

Tipp 7: Der kleine Unterschied

▶ Sehr viel Aufmerksamkeit erfordert folgende Übung: Setzen Sie sich Ihrem Kind gegenüber. Lassen Sie es für einen Moment die Augen schließen. In dieser Zeit verändern Sie etwas an Ihrem Äußeren: Nehmen Sie die Brille ab, öffnen Sie einen Hemd- oder Blusenknopf, schieben Sie den Ärmel etwas nach hinten. Bitten Sie dann Ihr Kind, die Augen wieder zu öffnen. Fragen Sie es: »Was ist anders?« Ihr Kind lernt so, seine visuelle Aufmerksamkeit zu schärfen.

Konzentration braucht Bewegung

Wichtig für die Konzentration ist auch, dass sich Ihr Kind austoben und überschüssige Energie abbauen kann (siehe auch ab Seite 69). Nach einem anstrengenden Schulvormittag muss ein Kind seinem kindlichen Bewegungsdrang nachgeben dürfen. Dabei können grob- und feinmotorische Fähigkeiten ebenso wie Gleichgewicht und Koordination spielerisch trainiert werden.

Einen bewegten Ausgleich schaffen

Tipp 8: Von Punkt zu Punkt

▶ Verteilen Sie im Flur oder noch besser im Garten einige DIN-A5-Blätter. Legen Sie diese in unterschiedlicher Entfernung – etwa in Schrittweite – aus. Ihr Kind muss nun versuchen, über diese »Trittsteine« zu einem ´Ziel zu gelangen. Erhöhen Sie die Anforderung, indem Sie den Abstand der Zettel verändern.

Tipp 9: Besteckmikado

▶ Legen Sie Löffel, Gabeln und andere ungefährliche Besteckteile (Salatbesteck) in der Tischmitte zu einem großen Haufen kreuz und quer zusammen. Ihr Kind versucht nun, eine Gabel aus dem Mikadohaufen herauszuziehen, ohne andere Teile zu berühren. Das erfordert viel Fingerspitzengefühl. Ist ein Geräusch hörbar oder bewegt sich eines der anderen Teile, ist der Nächste dran. Wer es schafft, ein Teil ohne Klirren wegzunehmen, darf es sich nehmen. Der Haufen wird so immer kleiner, und Sieger ist schließlich derjenige mit den meisten Besteckteilen.

Tipp 10: Puste gefragt

▶ Legen Sie einen Wattebausch oder ein sehr leichtes Tuch auf den Tisch oder auf den Boden. Sie können auch einen Tischtennisball oder eine Erbse verwenden. Wer schafft es, diesen federleichten Gegenstand am weitesten wegzublasen? Schwieriger wird es, wenn Sie ein bestimmtes Ziel vorgeben – der Gegenstand soll möglichst nahe an der Tischkante sein, ohne dass er runterfällt, oder Sie legen einen Slalomkurs. Ihr Kind lernt dabei, seine Puste gezielt einzusetzen.

Das macht Spaß: Wer kann die Tücher fliegen lassen?

Tipp 11: Balance gefragt

▶ Legen Sie ein kurzes, aber stabiles Brett über einen Stock oder einen Stein. Ihr Kind stellt sich nun mit gegrätschten Beinen auf dieses Brett und versucht, durch Verlagerung seines Körpergewichts das Brett von einer Seite zur anderen wippen zu lassen. Dabei spielen sowohl die Grob- als auch die Feinmotorik eine große Rolle.

Konzentration und Rituale

Kinder brauchen Sicherheit

Vor allem Kinder, die sehr temperamentvoll und unruhig sind, benötigen geregelte Zeiten und feste Abläufe. Wenn Ihr Kind von einer Beschäftigung zur nächsten hastet, entgeht ihm das Gefühl, etwas zu Ende gebracht zu haben. Die Motivation lässt dann erst recht nach, denn jeder Mensch braucht Erfolgserlebnisse, um sich zu entwickeln.
Beobachten Sie deshalb: Wie reagiert Ihr Kind bei Misserfolgen? Gibt es resigniert auf und sucht sich neue Tätigkeiten? Oder versucht es, ein Problem gleich noch einmal anders zu lösen?

Tipp 12: Bedürfnisse aufschieben

Manchen Kindern fällt es schwer, Dinge erst zu Ende zu führen, bevor sie etwas Neues beginnen. Wie können Sie helfen? Ihr Kind malt beispielsweise für den Geburtstag der Tante ein Bild. Plötzlich bekommt es mit, dass eine interessante Fernsehsendung anfängt. Es wandert mit farbverschmierten Händen vor die Flimmerkiste. Der Malkasten bleibt offen zurück.

Kompromisse suchen

Natürlich wäre es optimal, wenn Sie Ihr Kind ermuntern könnten, das Bild zuerst fertig zu malen. Sollte das nicht gelingen, beharren Sie darauf, dass Ihr Kind wenigstens sein Malzeug aufräumt und sich die Hände wäscht. So lernt es, die Zeit besser einzuteilen – und dass man Dinge erst zu Ende bringt.

Tipp 13: Belohnungssystem

Eine kleine Belohnung kann helfen, dass Ihr Kind »am Ball bleibt« (siehe ab Seite 49). Aber ein Kind darf nicht damit unter Druck gesetzt werden. Neben einem dicken Lob könnten Sie einen Punkt vergeben, wenn es eine Sache zu Ende führt. Und bei Erreichen einer bestimmten Punktzahl hat Ihr Kind dann einen bestimmten Wunsch frei.

Tipp 14: Aktivität vor Passivität

Verbringt Ihr Kind seine Zeit am liebsten passiv mit Fernsehen, Computerspielen oder Musikhören? Sicher hat jede Tätigkeit ihre Berechtigung. Allerdings sollten Sie Aktivität fördern, beispielsweise selber Musik machen, Sport treiben, Arbeiten im Haushalt erledigen oder etwas lesen. Bei all diesen Tätigkeiten lernt man, Ausdauer zu entwickeln. Sie erfordern einiges an Übung und bringen oft auch Frustrationen mit sich. Dies sind wichtige Faktoren für konzentriertes Arbeiten: Wenn Ihr Kind immer schon bei den ersten Schwierigkeiten das Handtuch wirft, bleiben Erfolgserlebnisse auf Dauer aus.

Durchhaltevermögen trainieren

Auf dem rechten Bild sind 10 Details verändert – findest du sie?

Spielend zu mehr Konzentration

Konzentration kann man schulen, indem man sie bewusster einsetzt. Oder mit Spielen wie den folgenden.
Übrigens: Die Lösung für diese und alle folgenden Aufgaben findest du ab Seite 120.

Detektivisch

Ab 1. Klasse

▶ Komisch! Irgendwas ist heute anders. Hat da jemand etwas in deinem Zimmer verändert? Diesen kniffligen Fall löst du sicher mit links: Suche die zehn Unterschiede zwischen den beiden Bildern oben. Na, hast du alle gefunden? Wenn nicht, versuche es in einer halben Stunde noch mal.

Wirrgarten

Ab 1. Klasse

▶ Verfolge nur mit den Augen, also ohne Finger oder Stift zu benutzen, die Linien. Sage, welche Zahl zu welchem Buchstaben führt. Schreibe das Ergebnis hinter die Buchstaben.

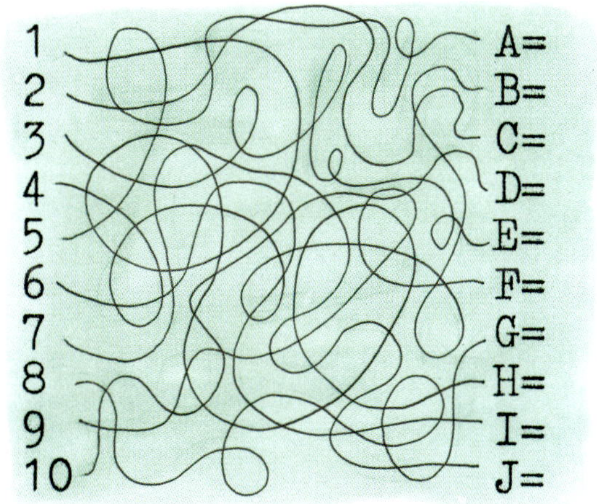

Finde die Telefonnummer!

Ab 2. Klasse

Eine wichtige Telefonnummer muss gefunden werden – da ist dein scharfes Auge gefragt!

▶ Die Nummer lautet: 47829. Im Zahlenmeer unten ist sie viermal versteckt. Findest du sie?

▶ Die Auflösung befindet sich wieder auf Seite 120.

98798923847234720384723094872304823482
38452140213845073452392384723472038472
30948723048234823845214021384507345239
52935720952935474782952452838134724765
74208734027305623029923847263923847234
72038472309487230482348238452140213864
50734523952935720472038472309487230482
34782947234782947230948723048234823845
21402138450734523952935720823845292384
72634720386476230948723048234823845214
02138450734523952935720140213845073452
39529357204782920938523560987019234709
12356109237410958610360184720956653438

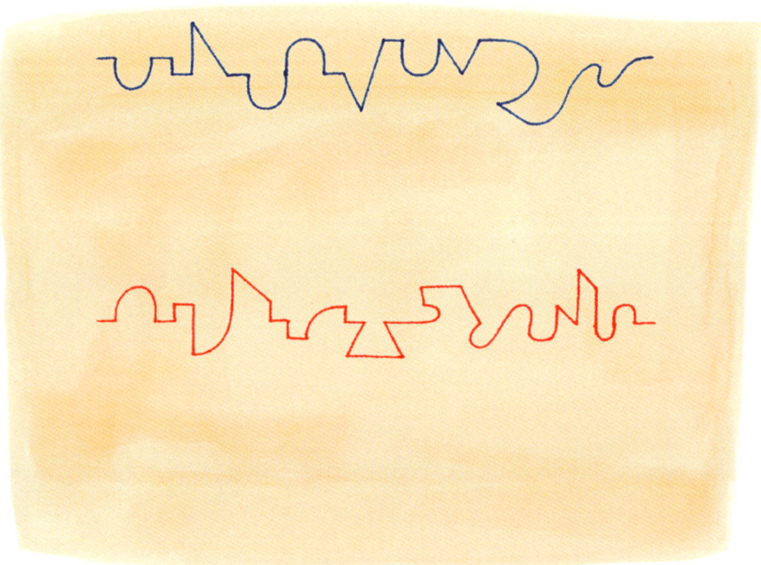

Lechts und Rinks

Ab 3. Klasse

▶ In der Grafik auf der linken Seite unten siehst du zwei Linien mit Schnörkeln und Windungen. Zeichne zuerst die obere von links nach rechts nach, und zwar genau spiegelbildlich unter der vorgezeichneten Linie.

▶ Anschließend nimmst du den Stift in die andere Hand. Zeichne nun auch die zweite vorgegebene Linie nach, diesmal jedoch von rechts nach links. Auch diese soll das genaue Spiegelbild zur Vorlage sein.

Ordnung muss sein

Ab 2. Klasse

▶ Oh nein: Die Schublade (Bild unten) war so schön aufgeräumt! Und nun dieses Chaos! Findest du deine Sachen alle wieder?

▶ Am Rand siehst du sechs Ausschnitte, die du im großen Bild entdecken sollst. Wenn du einen der Ausschnitte gefunden hast, notiere die richtigen Koordinaten in das Kästchen neben dem entsprechenden Bildausschnitt und suche den nächsten.

▶ Die Auflösung zu dieser Aufgabe findest du auf Seite 120.

Was für ein Chaos! Finde heraus, wo die Ausschnitte ins Bild gehören.

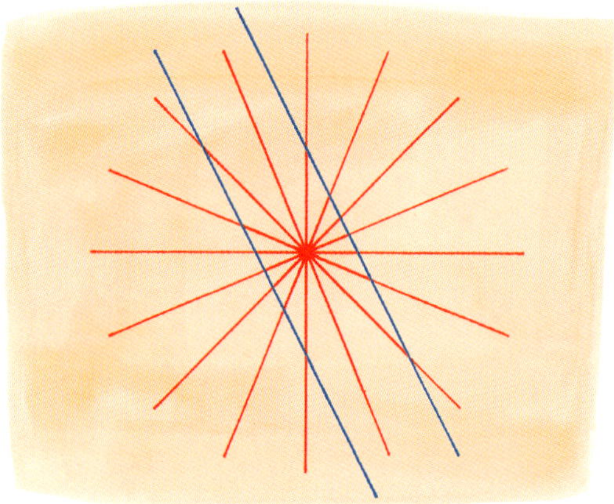

Linien im Stern – gerade oder gewölbt?

Wahrnehmungstäuschungen

Schauen Sie sich diese Bilder gemeinsam mit Ihrem Kind an und beantworten Sie bitte folgende Fragen dazu:

- Sind die beiden schrägen, blauen Linien im Sternenbild oben gerade oder gebogen?
- Welche der zwei waagerechten Linien im Bild unten ist länger?
- Ist im Bild oben der Punkt näher an der Spitze oder an der unteren Grundlinie des Dreiecks?
- Welcher der beiden roten Punkte im Bild unten ist größer?
- Die richtigen Antworten finden Sie auf Seite 120.

Alle diese Bilder tricksen unsere Wahrnehmung aus. Sie helfen Kindern deshalb zu verstehen, dass nicht alles wahr ist, was wir zu sehen meinen. Wir können

Ist der Punkt oben, unten oder in der Mitte?

Welche der Linien ist wohl länger?

Zwei Blüten stehen hier zum Vergleich.

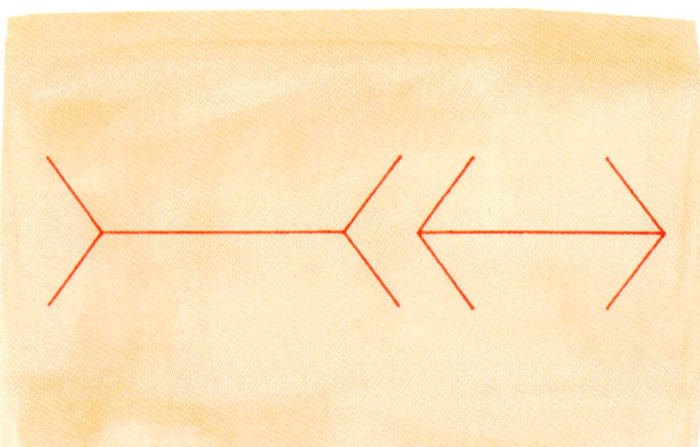

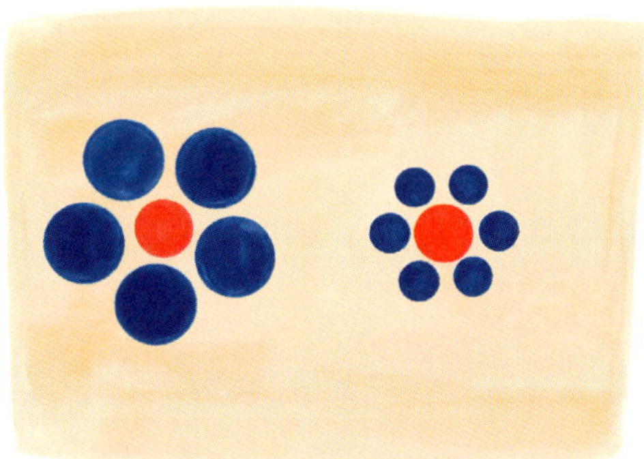

uns noch so sehr konzentrieren und die Vernunft walten lassen: Die Bilder erzeugen Trugschlüsse. Oder hätten Sie alles mit bloßem Auge richtig erkannt?

Kippbilder: Zweideutig

Ab 1. Klasse

Die Bilder auf dieser Seite gehören zu den so genannten »Kippbildern« (siehe auch Seite 74). Je nach Betrachtungsweise kann man in ihnen zwei verschiedene Objekte oder Perspektiven erkennen, die beide in ihnen stecken. Automatisch legt man sich zunächst auf eine der beiden Möglichkeiten fest. Plötzlich aber »kippt« die Wahrnehmung, und man sieht etwas ganz anderes. Meist passiert das von einem Augenblick auf den nächsten, und man kann nachher kaum noch das sehen, was man zuvor gesehen hatte (Auflösungen ab Seite 120).

▶ Sehen Sie sich die Bilder gemeinsam mit Ihrem Kind an. Was erkennen Sie? Welches Objekt nehmen Sie zuerst wahr? Nehmen Sie sich Zeit. Kippen die Bilder nicht gleich, so versuchen Sie es nach einer kleinen Pause noch einmal.

Wie gefällt Ihnen diese Frau?

Eine Treppe – aber wo führt die hin?

Sie sehen ein Tier. Welches?

Rund um Zahlen, Rechnen, Mathematik

Zum Zeitpunkt der Einschulung haben Kinder ganz verschiedene Erfahrungen mit Zahlen und Zählprinzipien. Kann ein Kind bis 20 zählen, so beherrscht es die Zahlwortreihe. Doch nicht alle haben dann auch eine Zahlvorstellung entwickelt, das heißt, ihnen ist nicht klar, dass 10 für eine kleinere Anzahl steht als 20. Oder sie können nicht rückwärts zählen. Ohne Zahlvorstellung jedoch kann man nicht rechnen.

Das kleine Einmaleins muss man können

Mathematik als Spiel

Am Anfang müssen die Kinder den Zahlenraum entdecken, das heißt das einfache Zählen, das Gefühl für Zahlen und Dimensionen: Was bedeutet zehn, hundert, tausend? In den ersten beiden Schuljahren wird noch anschaulich gerechnet, also mit Streichhölzern, Kugeln, geometrischen Formen (Rechenplättchen). Auf dem Papier beginnt das Rechnen erst ab der dritten Klasse: ebenfalls zuerst Addition und Subtraktion, in der vierten Klasse dann die Multiplikation und die Division.

Das kleine Einmaleins wird ab der zweiten Klasse zuerst an Beispielen erfahren, dann schlichtweg gebüffelt. Nur Kinder, die das Einmaleins beherrschen, sind in der Lage, die darauf aufbauenden schriftlichen Rechenverfahren der Multiplikation und Division zu bearbeiten.
Aus diesem Grund ist es so wichtig, das kleine Einmaleins beständig zu üben.

Hilfe für Rechenanfänger

1. und 2. Klasse

Es gibt unzählige Möglichkeiten, Mathematik zum ganz normalen Bestandteil des Alltags zu machen. In den ersten Jahren ist das ganz einfach. Dazu braucht es nichts weiter als ein wenig Kreativität. Hier ein paar Beispiele:

- ▸ Lassen Sie Ihr Kind den Tisch decken und das Besteck abzählen. Vier Gabeln, vier Messer, vier Löffel. Das macht zusammen?
- ▸ Zahlen Sie das Taschengeld nicht passend aus. Lassen Sie Ihr Kind ausrechnen, wie viel es zurückgeben muss.
- ▸ Lassen Sie Ihr Kind von dem Taschengeld, das es sich gespart hat, allein einkaufen. Ein Kau-

gummi kostet 20 Cent, wie viele kriegt es dann für 80 Cent?

▶ Berechnen Sie gemeinsam mit Ihrem Kind die Strecke eines Spaziergangs, die Dauer einer Urlaubsfahrt oder das erzielte Durchschnittstempo der gemeinsamen Fahrradtour.

▶ Lassen Sie Ihr Kind mit einer Getränkekiste spielen: 4 Reihen à 5 Flaschen – in den Kasten passen 20 Flaschen. Und bei 3 Reihen mit jeweils 4 Flaschen sind es 12 Flaschen. An diesen Beispielen lässt sich die Multiplikation erklären, die ja nichts anderes ist als eine verkürzte Version der Addition, nach dem Prinzip: $3 \times 2 = 2 + 2 + 2$.

▶ Fordern Sie Ihr Kind öfter auf, vorhandene Fruchtgummis oder anderes gerecht unter allen Anwesenden aufzuteilen.

▶ Schenken Sie Ihrem Kind einen einfachen Taschenrechner für die Grundrechenarten.

▶ Ihr Kind soll sich nach dem Vorlesen am Abend die Seitenzahl merken (ohne Lesezeichen). Wird zu einem anderen Zeitpunkt weitergelesen, soll es die Seite selbstständig suchen.

▶ Werkeln Sie gemeinsam mit Ihrem Kind. Projekte wie die folgenden bieten Aha-Erlebnisse: Ein quadratisches Brett ergibt diagonal durchgeschnitten zwei Dreiecke. Ein Hohlwürfel lässt sich in zwei Pyramiden teilen.

▶ Schneiden Sie Dreiecke, Quadrate, Rechtecke und Kreise aus Papier oder Karton und legen Sie mit Ihrem Kind fantasievolle Figuren aus den geometrischen Formen.

Ab 1. Klasse

▶ Vielen Kindern machen Zahlenbilder (siehe unten) sehr viel Spaß. Mit großer Spannung auf das Bild, das unter ihren Händen entsteht, ergänzen sie die Linien (hier von 1 bis 20 und von 10 bis 100) und bekommen so ein gutes Gefühl für die Reihenfolge der Zahlen.

1, 2, 3 ... Hier entsteht ein Bild!

Spiele mit Rechen-Plus

Einige Spiele schulen das logische Denken, trainieren den Umgang mit Zahlen und regen zum Rechnen an. Dazu gehören zum Beispiel folgende:

- Alle Spiele mit Zahlenwürfel (wie »Mensch ärgere dich nicht«, »Fang den Hut«), am besten welche mit zwei Würfeln, so dass laufend die Augen zusammengezählt werden müssen
- Domino
- Kartenspiele wie »Elfer raus!« und Mau-Mau
- Logikspiele wie »Vier gewinnt« und »Master Mind«

Ab 1. Klasse

Quadrate zählen

Wie viele Quadrate sind's?

▸ Wie viele Quadrate sind insgesamt in der Zeichnung unten versteckt (Lösung Seite 121)?

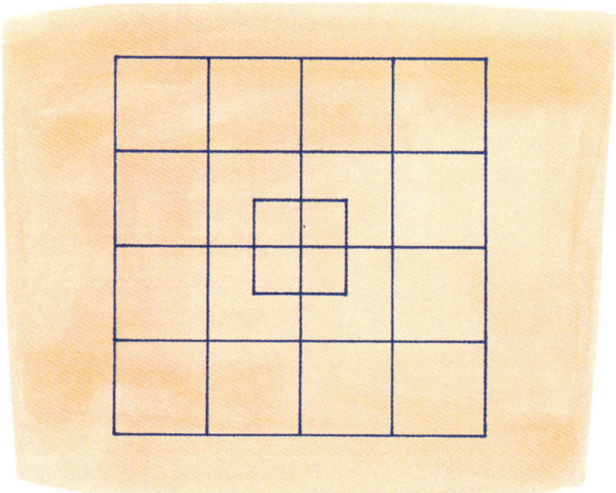

Knobelei rund um den Kaffeeplatz

»Sie werden platziert!« – gar nicht so einfach!

Tante Else kommt zu Besuch. Bevor es Kaffee und Kuchen gibt, ist die Sitzordnung zu klären. Bestimmt kannst du helfen, damit jeder seinen Platz findet.

Ab 3. Klasse

▸ Schreibe die Namen jeweils auf den richtigen Sitz im Bild oben.

▸ Tante Else hat zwei Nachbarn, aber kein Gegenüber.

▸ Deine Mutter sitzt zwischen dir und deiner Tante.

▸ Du sitzt, von deiner Tante aus gesehen, an der linken Tischseite.

▸ Dein Vater sitzt deiner Mutter gegenüber und zwischen deiner Schwester und deiner Tante.

▸ Wer soll wo sitzen? Hast du es herausgefunden? Die Lösung findest du auf Seite 121.

WICHTIG

Rechenschwäche

Es gibt viele Anzeichen, die auf eine Rechenschwäche hindeuten können. Falls eines oder mehrere der folgenden Symptome bei Ihrem Kind die Regel sind und nicht die Ausnahme, sollten Sie sich mit seinem Lehrer oder einem Lern-Therapeuten in Verbindung setzen.

Das Kind ...

- geht nicht gern zur Mathestunde.
- kann sich einfach das Einmaleins nicht merken.
- verwechselt häufig plus und minus.
- schreibt zweistellige Zahlen verkehrt herum (zuerst die Einer, dahinter die Zehner).
- rechnet immer mit den Fingern.
- kann die Uhr nicht lesen.
- verwechselt häufig links und rechts, hinten und vorn.
- mag keine technischen Spielereien, baut nicht mit Bausteinen.
- mag nicht basteln oder Sachen nachzeichnen.

Lustige Zahlenrätsel

Hier ein paar lustige Rechnungen – manche auch nur zum schnellen logischen Denken.

▶ Wieso ist die 38317 die Zahl der Liebe?

▶ Der Leopard ist das schnellste Tier der Welt: Er läuft mit einem Tempo von bis zu 20 Metern in der Sekunde. Wie lange brauchen drei Leoparden für diese Strecke?

▶ Wo ergibt 10 + 3 = 1?

Ab 3. Klasse

▶ Wie heißt die kleinste zweistellige Primzahl, die von vorwärts und rückwärts gleich gelesen wird?

Ab 4. Klasse

▶ Welche ungerade, natürliche Zahl ist kleiner als 70, größer als 50, durch 13 ohne Rest teilbar?

▶ Alle Auflösungen auf Seite 121!

Anspruchsvollere Zahlenspiele

Ab 2. Klasse

Für Kinder, die besonders viel Spaß am Umgang mit Zahlen haben, hier ein paar Tipps:

▶ Erfinden Sie eine Zahlenwelt, in der Sie die üblichen Ziffern von 0 bis 9 durch neue, selbst erfundene Zeichen ersetzen.

▶ Kaufen Sie Zeitschriften und Bücher mit Logikspielen. Die Auswahl ist sehr groß.

▶ Lassen Sie Ihr Kind öfter verschiedene Zahlenreihen logisch ergänzen. Hier einige Beispiele in unterschiedlichen Schwierigkeitsgraden, von denen Sie selbst natürlich endlos viele weitere erfinden können.

2 – 6 – 3 – 9 – 6 – ?
1 – 3 – 6 – 10 – 15 – ?
729 – 243 – 81 – 27 – 9 – ?
120 – 108 – 36 – 24 – 8 – ?

▶ Eine einfachere Variante dieser Übung ist das Einfügen der Rechenzeichen +, –, × und ÷ in beliebige Zahlenreihen.

Lösungen auf Seite 121

▶ Kreative Zahlenspiele machen ebenfalls großen Spaß: Lassen Sie Ihr Kind Zahlen auf alle möglichen Arten sortieren, etwa die Zahlenreihe 3, 7, 9, 11, 14, 18, 23 in gerade und ungerade Zahlen, nach Zahlen, die durch drei teilbar sind oder nicht, nach Primzahlen. Sicher fällt Ihnen noch mehr dazu ein.

Für schnelle Rechner

Ab 2. Klasse

▶ Unterstreiche in der Zahlenmenge unten so schnell wie möglich alle hintereinander stehenden Zahlenpaare, die miteinander addiert die Summe 13 ergeben. Einige Beispiele dafür: 5 und 8, 7 und 6, 9 und 4…

Finde alle Zweiergruppen mit der Summe 13!

▶ Ob du alle Ziffernpaare gefunden hast, erfährst du wieder im Anhang auf Seite 121.

3573924093482034293482015732823
0352308236263480255647483483013
4734230123905623938565838923563
4780148561134293482015732823035
2308236263480255647483483013473
4230123907712035673923872301928
3744565130292392836501338291562
3938565838923563478014558113429
3482015732823035230823626348025
5647483483015623938565838923563
5623938565838923563478014852113
4293482015732823035230823626348
0255647483483013473423012390747
8014458113429348201573282303523
0823626348025564748348301347342
3012390734734230123907120356739

Zahlen merken leicht gemacht

Die folgenden Tricks sind Mnemotechniken, also Gedächtnistricks, für Zahlen. Es gibt viele Situationen, in denen man sie braucht: um Telefonnummern auswendig zu lernen oder um Geburtstagsdaten, Jahreszahlen, Fakten aus Mathe und Sachkunde zu behalten, etwa ob Spinnen eigentlich sechs oder acht Beine haben, ob das Sonnensystem aus neun oder zehn Planeten besteht. Wer diese Tricks früh übt, schult Gedächtnis, Konzentrationsvermögen und Fantasie.

Merkhilfe Zahlenbilder

Ab 1. Klasse

Unser Gedächtnis kann sich Bilder besser merken als Zahlen (siehe auch Seite 19). Wenn man also ein passendes Bild für jede Zahl erfindet, kann man sie sich besser einprägen. Auf Seite 89 oben finden Sie einen Vorschlag, den Sie und Ihr Kind übernehmen können. Besser merkt man sich die Zahlenbilder aber, wenn man sie selbst erfindet.
Die Bilder sollten den Zahlen optisch ähneln: Das Ei ist oval wie die Null, die Sieben ähnelt einem Wimpel. Die Eins könnte auch ein Stift sein und die Neun ein Ballon an einer Schnur.

Solche Zahlenbilder helfen beim Einprägen.

So üben Sie mit dem Zahlenbild

Mit einfachen Rechnungen können Sie das Zahlenbild mit Ihrem Kind üben, zum Beispiel, indem Sie ihm eine Aufgabe stellen und das Kind als Ergebnis auf das Bild weist, also:

▶ 3 + 4 – 2 =?

Das Kind zeigt die Hand.

▶ 1 + 7 – 6 =?

Das Kind zeigt den Schwan.

Als nächster Schritt werden die gesamten Rechnungen in Bildern dargestellt. Für die Beispiele eben lautet die Rechnung dann:

▶ Dreizack + Kleeblatt – Schwan = Hand

▶ Kerze + Fahne – Schlange = Schwan

Mit Zahlen ganze Geschichten erzählen

Bilder, die sich einprägen

Jetzt kommt das eigentliche Einprägen. Und dabei ist Fantasie gefragt: Mit den Zahlenbildern lassen sich ganze Situationen erfinden, die sich sehr stark ins Gedächtnis einprägen. Wie kann man sich merken, dass eine Spinne acht Beine hat? Ganz einfach: Man stellt sich vor, wie eine Spinne mit ihren Beinen die Schienen der Spielzeugbahn umklammert. Es klingt anfangs etwas verrückt, aber Sie werden sehen, wie gut sich solche »selbst gemachten« Vorstellungen einprägen. Testen Sie es: Merken Sie sich gemeinsam mit Ihrem Kind folgende Zahlen anhand der Zahlenbilder:

- Eine Sonnenblume kann bis zu vier Meter hoch wachsen.
- Der Eintritt ins Schwimmbad kostet drei Euro.
- Eine Spinne hat acht Beine.
- Eine Sinfonie hat in der Regel vier Sätze.
- Ich soll zwei Euro in die Schule für Bastelholz mitbringen.
- Eine Wasserballmannschaft hat fünf Spieler.

- Beethoven hat insgesamt neun Sinfonien geschrieben.
- Eine Runde beim Boxwettkampf dauert drei Minuten.
- Unser Sonnensystem umfasst neun Planeten.

Drei Minuten ohne K.o. – mit diesem Bild merkt man sich's leicht.

Der nächste Schritt: Mehrstellige Zahlen

Wie sich Ihr Kind auch längere Ziffernfolgen merken kann, ist schnell erklärt. Es nutzt das bereits gelernte Bildereinmaleins und denkt sich nun aber eine Geschichte aus, die aus den Zahlenbildern zusammengesetzt ist. Diese Technik ähnelt einer anderen sehr, mit der man sich mehrere Wörter in der richtigen Reihenfolge merken kann (siehe Seite 103).

Mit der folgenden Geschichte kann man sich zum Beispiel einprägen, dass der Rhein insgesamt 1320 Kilometer lang ist: »Es ist dunkel. Deshalb greife ich nach einer Kerze und versuche, mit einem Dreizack einen Schwan daran zu hindern, Eier aus einem fremden Nest zu klauen.« Lassen Sie Ihr Kind weitere Geschichten zu folgenden Zahlen erfinden:

- Eine Tanne kann bis zu 800 Jahre alt werden.
- Die größte Meerestiefe mit 10 924 Metern unter dem Meeresspiegel wurde im Marianengraben gemessen.
- Das erste Atomkraftwerk wurde 1954 in Moskau gebaut.
- Die Strecke der Tour de France ist etwa 4500 Kilometer lang.
- Die Gesamtlänge des Nils beträgt 6671 Kilometer.
- Ein Tag hat 1440 Sekunden.
- Die amerikanische Nationalflagge hat 50 Sterne.
- Das Gehirn des Menschen wiegt circa 1349 Gramm.

Macht Spaß und hilft beim Lernen

So üben Sie weiter mit den Zahlenbildern

- Schreiben Sie die Geburtstage von Verwandten und Freunden auf. Lernen Sie diese mit Ihrem Kind anhand des Bildereinmaleins auswendig.
- Denken Sie sich ähnliche Übungen und Spiele mit den Telefonnummern dieser Personen aus.
- Sammeln Sie mit Ihrem Kind seine persönlichen Daten und Größen: zum Beispiel Alter, Geburtsjahr, Konfektions- und Schuhgröße, Hausnummer und Postleitzahl und so weiter. Helfen Sie dann Ihrem Kind, sich diese Angaben mithilfe der Zahlenbilder einzuprägen.

Wissen ganz praktisch

Spielend lesen und schreiben lernen

Seit vielen Jahren gehört Vorlesen zum abendlichen Ritual für Leon. Schon seit er drei ist, möchte er abends nach dem gemeinsamen Vorlesen noch ein paar Minuten allein Bilderbücher oder Comics anschauen. Mit fünf versetzt er seine Eltern plötzlich in Erstaunen: Am Frühstückstisch bleibt er eine Zeit lang ungewöhnlich still und meint dann unvermittelt: »Was ist Vollmilch?« Er hat es auf der Milchpackung gelesen. Zwei Tage später: »Schau mal, da ist eine Buchhandlung!« Leon hat die großen Buchstaben über der Eingangstür des Ladens gelesen. Er kann plötzlich Wörter lesen! Sein Ehrgeiz wurde über die Jahre geweckt. Er hat intuitiv verstanden, dass Lesen für ihn das Tor zu einer neuen Welt des Wissens ist.

So werden kleine Leser gemacht

Lesen: Ein ganz alltäglicher Spaß

Interesse und Freude am Lesen beginnt bereits vor der Schulzeit im Elternhaus. Rund 25 Prozent der in der PISA-Studie (siehe Seite 11) getesteten Kinder sind schwache oder gar extrem schwache Leser. Diese hohe Zahl begründet sich nicht allein in den Mängeln unseres Schulsystems. Wichtig ist vielmehr, dass die Eltern als Vorbilder fungieren und dass die Kinder sie als Leser erleben. Diese Vorbildfunktion hört nicht beim Eintritt in die Grundschule auf. Vorlesen wirkt sich weiterhin positiv auf das Leseinteresse aus, ebenso wie die aktive Auseinandersetzung, das Gespräch über das Gelesene. Märchen, Kinderreime und -gedichte, Wortspiele und Geschichten spielen sowohl für das Lesenlernen als auch für die Denk- und Sprachentwicklung eine große Rolle. Übermäßiger Fernseh- und Medienkonsum wirkt dagegen ganz und gar nicht lesefördernd.

Das A und O: Miteinander reden

So unterstützen Sie das Interesse am Lesen

Im Alltag gibt es viel zu entdecken. Lesen Sie gemeinsam auf der Straße die Namen von Geschäften, Verkehrsschilder, Plakate, Filmtitel am Kino. Lassen Sie Ihr Kind beim Vorlesen die Kapitelüberschriften lesen. Schaffen Sie eine anregende Leseumgebung: Eigene Bücher sowie

Erfinden Sie mit Ihrem Kind eine eigene Anlauttabelle.

ein eigenes Bücherregal gehören ebenso dazu wie ein gemütlicher Leseplatz, an dem Ihr Kind ungestört schmökern kann. Regelmäßige Besuche in Bibliotheken (siehe Seite 64) und das gemeinsame und selbstständige Auswählen von Büchern in einer Buchhandlung fördern das Leseinteresse. Zu einem umfangreichen Leseangebot zählen auch Zeitschriften und Zeitungen, für deren Lektüre ausreichend Zeit eingeplant werden sollte.

Lesen – wo immer es geht

Lesen lernen mit der Anlauttabelle

Ab 1. Klasse

Die Anlauttabelle ist ein Bilderalphabet. Die einzelnen Buchstaben werden durch Bilder dargestellt, in denen der Buchstabe deutlich vorkommt. Das E steht dann zum Beispiel für einen Elefanten, das N für Nest, das S für Sonne. Der Trick besteht darin, dass das Gedächtnis für Bilder viel empfänglicher ist als für anfänglich abstrakte Zeichen wie Buchstaben.
Die Merkbrücke mit dem Bild ruft dem Kind deshalb den Buchstaben und den mit ihm verbundenen Laut in Erinnerung (siehe auch Tieralphabet Seite 103).

Bunte Bücher in Druckschrift

Wenn Sie erste Bücher für Ihren Leseanfänger auswählen, ist Folgendes wichtig: Das optimale Buch für Leseanfänger sollte viele Bilder enthalten und nur so viel Text, wie das Kind tatsächlich bewältigen kann. Die Buchstaben dürfen nicht zu klein sein.
Im normalen Buchhandel gibt es auch sehr viele Übungshefte für Lese- und Schreibanfänger, in die gemalt und geschrieben werden kann. Sie sind kindgerecht gestaltet und bereiten den Kindern normalerweise viel Spaß.

Freude als Lernhelfer

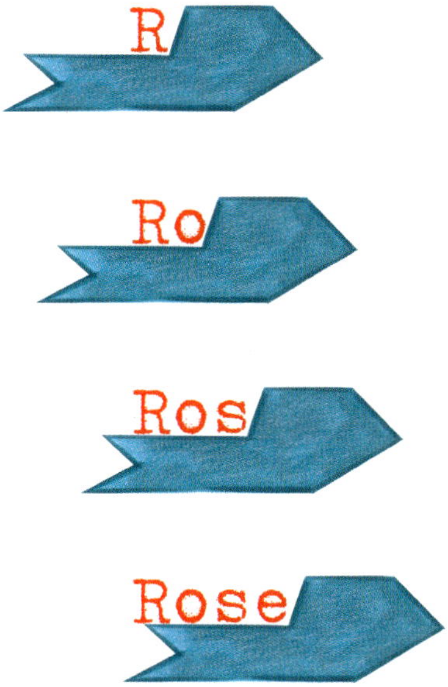

Schritt für Schritt: Das Lesen mit dem Lesepfeil.

Leselineal, Lesepfeil und Lesefenster

Ab 1. Klasse

Damit kleine Leser nicht in der Zeile verrutschen, helfen Leselineal, -pfeil oder -fenster. Mit dem Leselineal werden die unteren Zeilen, mit Lesepfeil oder -fenster zusätzlich die folgenden Buchstaben und Wörter abgedeckt. So kann man sich wirklich immer nur auf den Buchstaben oder das Wort konzentrieren, das gerade gelesen wird.

Lesefolien

Ab 1. Klasse

Manche Kinder lesen besser, wenn der Kontrast zwischen Schrift und Papier nicht schwarz-weiß, sondern farbig gestaltet ist. Das gelingt ganz leicht mit bunten Lesefolien, die über den Text gelegt werden.

Paired Reading (Lesen zu zweit)

Ab 1. Klasse

Bei dieser Übungsmethode liest das Kind einen Text so lange, bis es ins Stocken gerät. Passiert das, übernimmt der Erwachsene, der leise mitliest.
Die entstandene Lesehürde wird auf diese Weise gemeinsam fließend bewältigt. Und das Kind liest dann wieder allein weiter, sobald die holprige Stelle überwunden ist.

Post-it-Lernen

Ab 1. Klasse

Schreiben Sie auf Post-It-Zettel die Namen der Dinge, die im Haus vorkommen. Anschließend machen Sie eine »Wanderung« durch das Haus und kleben dabei die Zettel an die jeweiligen Gegenstände (zum Beispiel an Schrank, Türe, Spiegel und so weiter). So lernt das Kind die Schreibweise alltäglicher Wörter. Bei einer weiteren Wanderung darf das Kind die Zettel dann selbst an die richtigen Plätze kleben. Auf diese Weise kann es sich später auch englische und französische Vokabeln einprägen (siehe ab Seite 111).

»Lese-Rituale« wecken schon früh die Leselust.

Das Gelesene verstehen

Lesen und das Gelesene verstehen sind gerade für Leseanfänger nicht immer ein und dasselbe. Schon allein die Buchstaben, Wörter und Sätze zusammenzusetzen und beim lauten Lesen korrekt über die Lippen zu bringen ist für Lesepioniere recht anstrengend. Hier deshalb einige Tipps, wie Sie das Leseverständnis fördern können.

Fördern Sie leises Lesen

Ab 1. Klasse

Lautes Lesen ist wichtig, um die Aussprache der Buchstaben als Wörter zu erlernen. Wenn Ihr Kind nur laut lesen kann, kostet das Aussprechen aber auf Dauer zu viel Konzentration und Energie. Ein weiterer wichtiger Schritt ist daher das leise Lesen. Das Kind verarbeitet in Gedanken dann auch eher die Inhalte.

Reden Sie miteinander über das Gelesene

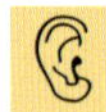

Ab 1. Klasse

Fragen Sie nach, was das Kind beim Lesen gerade erfahren hat. Lassen Sie sich die Geschichte erzählen. Bitten Sie Ihr Kind, die Augen zu schließen und sich die Geschichte noch einmal bildlich vorzustellen.
Stellen Sie auch zwischendurch mal Fragen: Wie hieß noch mal das Tier, das in der Bildunterschrift beschrieben wurde? Wie ist der Name des Druiden in den Asterix-Geschichten?

Lesen als Ausgangspunkt für kreative Aktivitäten

Ab 1. Klasse

Mit allen Sinnen erfassen (siehe auch Seite 17) – das gilt auch fürs Lesen und heißt hier: Lassen Sie Ihr Kind die Handlung einer Geschichte nachspielen oder ein Bild zu dem gelesenen Text malen. Schreiben Sie mit Ihrem Kind Briefe an die Autoren oder an die Helden eines Buches. Während des Harry Potter-Fiebers kam auf diese Weise ein weltweiter Kommunikationsprozess über das Internet in Gang.

Lustige Lesespiele für Anfänger

Ab 1. Klasse

▶ Lies die Wortleisten links von oben nach unten durch: Nur eines der Wörter in der Liste gibt es tatsächlich: Finde es heraus! Die Auflösung erfährst du auf Seite 122.

Wurstzopf	Kuhball	Schlafzuck
Wurstzipfel	Muhstall	Ruckzuck
Wurstzapfen	Kuhstall	Schlafsack
Tannenzopf	Kuhstahl	Schlafruck

Verlorene Buchstaben

Ab 1. Klasse

▶ Huups, hier sind ganz viele Selbstlaute (Vokale) verloren gegangen! Kannst du den Text trotzdem noch lesen? Um welches Tier handelt es sich?

HOCH OB...N

W...nn d... mal üb...r di... F...ld...r g...hst,

nach oben scha...st und still dann st...hst,

w...nn d... a...s ...in...m Wald hera...s

a...f ...insam...s Wi...s...ng...länd... scha...st,

dann kannst d... di...s...n Vog...l ...rl...b...n,

...r wird üb...r dir durch d...n Himm...l schw...b...n;

in r...hig...n Kr...is...n fli...gt ...r dahin,

d... blickst ihm nach ...nd fragst nach d...m Sinn.

D...r bra...n... Vog...l sagt ...s dir nicht,

du bist für ihn n...r ...in ...rd...nwicht.

(Quelle siehe Seite 128)

Der Stolperwörtertest

Ab 1. Klasse

Der folgende Lesetest umfasst einen größeren Bereich des Leseprozesses. Mit dem Stolperwörtertest können Sie feststellen, wie weit Ihr Kind den Zusammenhang zwischen Sprache und Schrift versteht. Es werden Sätze vorgegeben, die ein Wort enthalten, das nicht dorthin passt. Dieses Wort muss erkannt werden. Um die Aufgabe bewältigen zu können, müssen die Wörter zuerst richtig erlesen sowie grammatisch und semantisch korrekt verarbeitet worden sein.

Den Fehler finden

Hier einige Beispiele für solche Sätze (Auflösung siehe Seite 122):

- Mein Opa geht kommt heute zu Besuch.
- Auf Omas Haar sitzt eine summt Biene.
- Möchtest süß du Limonade trinken?
- Nächste Woche bald gehen wir in den Zoo.

Unten ohne

Ab 1. Klasse

▶ Im Kasten unten hat sich ein Radiergummi ausgetobt. Kannst du den Text trotzdem lesen?

▶ Und nun suche im Spiel unten die »Hasen«, die sich mitten in dem »Rasen« versteckt haben! Wie viele Hasen kannst du entdecken?

Wer erst in saure Äpfel biss
und dann in einen süßen
der wird den süßen ganz gewiss
dann doppelt froh genießen
Doch wer in süße Äpfel biss
und dann in einen herben
dem wird der herbe ganz gewiss
die ganze Freud verderben

(Aus einem Poesiealbum)

RASEN RASEN RASEN RASEN RASEN RASEN
RASEN RASEN RASEN RASEN RASEN RASEN
HASEN RASEN RASEN RASEN HASEN RASEN
RASEN RASEN RASEN RASEN RASEN RASEN
RASEN HASEN RASEN RASEN RASEN RASEN
RASEN RASEN HASEN RASEN RASEN RASEN
RASEN RASEN RASEN RASEN RASEN RASEN
RASEN HASEN RASEN RASEN RASEN RASEN
RASEN RASEN RASEN RASEN RASEN RASEN
RASEN RASEN HASEN RASEN RASEN RASEN
RASEN RASEN RASEN RASEN RASEN RASEN
RASEN RASEN RASEN RASEN RASEN RASEN
RASEN RASEN RASEN RASEN RASEN HASEN

Versteckte Worte finden

Ab 1. Klasse

▶ Im Wörtermeer unten ist einmal das Wort »Gabe« zwischen den »Raben« versteckt. Kannst du es finden (Auflösung auf Seite 122)?

Silben-Salat

Ab 1. Klasse

▶ Auf Seite 97 oben sind die Wörter durcheinander geraten! Bastle die Silben wieder so zusammen, dass richtige Wörter daraus entstehen.

RABE RABE RABE RABE RABE RABE RABE RABE RABE RABE RABE
RABE RABE RABE RABE RABE RABE RABE RABE RABE RABE RABE
RABE RABE RABE RABE RABE RABE RABE RABE RABE RABE RABE
RABE RABE RABE RABE RABE RABE RABE RABE RABE RABE RABE
RABE RABE RABE RABE RABE RABE RABE RABE RABE RABE RABE
RABE RABE RABE RABE RABE RABE RABE RABE RABE RABE RABE
RABE RABE RABE RABE RABE RABE RABE RABE RABE RABE RABE
RABE RABE RABE RABE RABE RABE RABE RABE GABE RABE RABE
RABE RABE RABE RABE RABE RABE RABE RABE RABE RABE RABE
RABE RABE RABE RABE RABE RABE RABE RABE RABE RABE RABE

AP	TE	GER	GEL	NIG	BIE
BEL	WAS	NE	SE	BRU	KÖ
VA	BAL	TEN	PA	MEL	AM
BLU	GA	TOR	SER	MA	BO
DEN	VO	PEL	FIN	KON	DER
TAN	GAR	PIER	NA	HIM	HO
LEN	ME	TER	NIG	FEL	NE

Spiele mit eigenen Kärtchen

Ein Tipp: Sie können dieses Spiel noch erweitern, indem Sie selbst zusätzliche Silbenkärtchen schreiben.
Wenn Sie die Kärtchen erstellt haben, legen Sie diese einfach umgekehrt auf den Tisch, so dass man die Silben nicht sehen kann. Genau wie beim Memory-Spiel müssen nun die richtigen Silbenpaare gefunden werden.

Schlamperei!

Ab 1. Klasse

Wieder mal hast du dein Zimmer nicht aufgeräumt! Du musst aber den Ranzen noch packen.
▶ Suche in dem Buchstaben-Durcheinander unten die fünf Sachen, die du für die Schule brauchst. Sie stehen hoch, quer, können aber auch von rückwärts zu lesen sein (Lösung siehe Seite 123).

K	M	Z	M	T	U	R	E	S	Q	W	N	X	C	G	D	Z	E	R	I	O	Y	A	T	E	R	L	K	O	E
R	M	L	O	A	Z	R	E	W	C	N	M	O	Z	U	X	F	D	E	R	T	Q	A	W	S	E	D	R	F	T
G	Z	I	U	P	T	O	L	P	Ö	Ü	M	K	L	E	B	S	T	O	F	F	D	X	S	Y	A	Q	W	E	K
D	R	N	T	G	Z	H	J	I	K	O	L	P	Ö	Ü	M	K	J	H	U	U	Z	T	R	E	W	D	A	S	Y
V	F	E	K	I	U	Z	E	F	D	C	F	T	B	H	N	M	I	U	Z	T	R	S	Y	W	A	Q	R	E	T
D	E	A	T	Z	Z	U	H	B	T	R	F	V	C	D	E	W	S	C	V	G	Z	U	J	N	H	G	B	F	L
R	D	L	W	V	C	D	E	F	U	T	H	Z	S	C	H	R	E	I	B	H	E	F	T	I	K	H	Z	G	N
G	J	K	L	I	U	G	H	T	F	S	C	S	W	B	N	H	G	F	T	R	D	R	S	E	S	V	N	M	F
K	U	T	E	S	H	P	L	O	U	Z	R	H	W	F	G	Z	T	R	E	N	B	V	G	R	E	W	S	C	V
B	H	U	Z	T	R	E	M	J	K	O	I	U	Z	H	F	T	N	E	H	C	P	P	Ä	M	H	B	V	G	F

MANN MAUS MUND MÜHLE MÜHE MALER
MOND MARS MUND MÜHLE MÜHE MALER
MÜHLE MÜHE MALER MOND MARS MANN
MAUS MUND MÜHLE MÜHE MALER MOND
MARS MUND MÜHLE MUND MÜHLE MÜHE
MALER MUND MÜHLE MÜHE MALER MAUS
MUND MÜHLE MÜHE MALER MOND MARS
MUND MÜHLE MOND MÜHLE MÜHE MALER
MOND MARS MUND MÜHLE MÜHE MALER
MAUS MUND MÜHLE MÜHE MALER MOND
MARS MUND MÜHLE MUND MÜHLE MÜHE
MALER MUND MÜHLE MÜHE MALER MÜHLE

Wörter zählen

Ab 1. Klasse

▶ In der Wortmenge oben tauchen manche Wörter immer wieder auf. Wie oft kannst du das Wort »Mond« finden? Und wie oft das Wort »Mars«?
Notiere die Anzahl auf einem Zettel. Auf Seite 123 findest du die Ergebnisse.

Wortschlange

▶ Welche Wörter sind in der Wortschlange? Schreibe sie auf einen Zettel. Auf Seite 123 siehst du, ob du alle gefunden hast.

Lesen und erkennen: Welche Worte hat die Schlange verschluckt?

Leseverständnis für Fortgeschrittene

Hier folgen nun zwei bewährte, etwas komplexere Techniken, mit denen Texte besser erfasst und eingeprägt werden können. Der »Dreisprung« eignet sich für Kinder ab der 4. Klasse, die »Fünf-Gang-Technik« für fortgeschrittene Schüler ab etwa der 5. Klasse.

Das braucht Ihr Kind

Ihr Kind braucht Block und Bleistift für Notizen und Marker, um Textstellen zu kennzeichnen. Außerdem benötigt es Nachschlagewerke, genug Zeit und Ruhe zum ungestörten Arbeiten.

Der Lese-Dreisprung

1. Sprung: Text lesen und markieren

Ab 4. Klasse

Das Kind liest den Text einmal in Ruhe durch. Es markiert dabei die Wörter, mit denen es Schwierigkeiten hat, und setzt zusätzlich ein Fragezeichen am Rand des Textes. Dann schlägt es unbekannte Wörter im Lexikon nach. Hat es damit noch Schwierigkeiten, helfen Sie ihm.

2. Sprung: Wichtige Wörter merken
Das Kind sucht nun die wichtigsten Informationen oder Wörter aus dem Text, markiert sie und merkt sie sich. Nun sollte das Kind die wesentlichen Inhalte des Textes erzählen können. Falls das noch nicht klappt, soll es weitere oder andere Begriffe suchen.

3. Sprung: Schnelles Lesen
Das Kind liest den Text noch einmal durch – konzentriert, aber sehr schnell. Es soll sich praktisch nur an den Wörtern orientieren.

Was ist hängen geblieben?

Der Text wird dann zugedeckt. Das Kind soll die Geschichte nochmals erzählen. Wenn es ins Stocken gerät, helfen Sie anhand der markierten Wörter nach. Sie können Fragen stellen oder kleine Hinweise geben.
Ein Tipp: Der Lese-Dreisprung macht in der Gruppe mehr Spaß.

Die Fünf-Gang-Technik

1. Gang: Grob überfliegen

Ab 5. Klasse

Bevor Ihr Kind mit dem eigentlichen Lesen beginnt, sollte es den Text kurz überfliegen. In der Einleitung oder im Vorwort stehen oft schon wichtige Hinweise zum Inhalt oder Ziel des Textes. Auch das Inhaltsverzeichnis eines Buches gibt wichtige Hinweise. Die Kapitelüberschriften und Untertitel stellen ebenfalls eine wichtige Informationsquelle dar.

2. Gang: Fragen stellen
Als Nächstes sollte sich Ihr Kind fragen: Was weiß ich schon über dieses Thema? Was möchte ich darüber erfahren? Welche Begriffe sind unbekannt? Diese sollte es herausschreiben. Wie gründlich muss der Text gelesen werden? Wird nur eine bestimmte Information aus dem Text benötigt, oder werden bei einer Klassenarbeit auch Details abgefragt?

Bekanntes festhalten

3. Gang: Gründlich lesen
Diese ersten beiden Schritte stellen Vorbereitungen für das eigentliche Lesen dar. Erst wenn Schritt eins und zwei erledigt sind, erfolgt das gründliche Lesen. Jetzt werden Antworten auf die zuvor gestellten Fragen gesucht. Unverständliche Begriffe sollten sofort im Wörterbuch nachgeschlagen werden. Schautafeln, Bilder oder Tabellen geben wichtige Hinweise und tragen zum besseren Verständnis des Textes bei.

4. Gang: Wichtiges zusammenfassen

Überblick schaffen

Nach jedem größeren Leseabschnitt erfolgt eine Zusammenfassung. Welche Begriffe oder welche Gedanken waren besonders wichtig? Und welche

Fragen von Gang 2 sind beantwortet worden? Das Wichtigste kann auf Notizzettel, Lernplakat oder Karteikärtchen festgehalten werden (siehe Seite 113). Es kann auch eine eigene Zusammenfassung erfolgen. Vorteilhaft ist es, wenn das Kind zusätzlich noch einmal mündlich und in eigenen Worten alles zusammenfasst.

5. Gang: Gesamtwiederholung

Informationen sammeln

Nachdem Ihr Kind den Text abschnittsweise durchgearbeitet hat, erfolgt nun eine Gesamtwiederholung, bei der die Zusammenhänge wiederhergestellt werden. Die Notizen werden nochmals im Gesamten durchgegangen und falls nötig mit weiteren Informationen ergänzt. Sind alle Fragen beantwortet? Falls nicht: Wie können offene Fragen geklärt werden? Vielleicht gibt es Antworten von Schulkameraden, Geschwistern, Eltern oder durch die neuen Medien?

TIPP!

Investition mit Sinn

Die beiden Methoden Lese-Dreisprung und Fünf-Gang-Technik erscheinen im ersten Augenblick etwas kompliziert und zeitraubend. Aber mit etwas Übung wird Ihr Kind feststellen, wie viel schneller und besser es sich damit den Lernstoff einprägen kann. Der Aufwand lohnt sich!

Schreiben lernen – so helfen Sie dabei

Erste literarische Versuche

Der sechsjährige Paul ist ganz wild darauf, seinen Großeltern einen kleinen Brief zu schreiben. Er schreibt:
»LIBER OPA, LIBE OMA,
GÄSTAN VAR ICH AIS ESSEN.
DI SONNE SCHAINTE. DAN
HABE ICH MID MAINEM
WERCKZOIG GEBASTELT.
PIS DALT. OJER PAUL.«
Die Großeltern sind stolz, dass Paul ihnen einen Brief geschrieben hat. Sie bedanken sich herzlich und loben ihn. Paul ist stolz. Dass er noch viele Fehler macht, ist erst einmal Nebensache.
Wenn Sie davon ausgehen, dass Ihr Kind gleich perfekte Wörter und Sätze schreiben muss, dann werden Sie und Ihr Kind viele Frust-Erlebnisse haben. Üben Sie jedoch spielerisch mit Ihrem Kind und können Sie Fehler zulassen, werden Sie – und vor allem Ihr Kind – täglich viele kleine Fortschritte und Erfolge feststellen. Untersuchungen haben gezeigt, dass Kinder, die anfangs nicht ständig durch Fehlerkorrektur gebremst werden, nach einem Jahr oft besser schreiben konnten. Es hängt aber auch vom Kind ab: Möchte es korrigiert werden, sollten Sie das natürlich nicht verweigern.

Spaß an der Sache hat Vorrang

Lesen lernen in der Schule

Das Erlernen von Lesen und Schreiben geht in der Schule Hand in Hand. Am Ende des ersten Schuljahres sollten die Kinder Sätze und kurze Texte, am Ende des zweiten Schuljahres einfache Texte flüssig lesen können.

Die erste Etappe geschafft

Die erste Schrift ist oft die Druckschrift, wobei die Schriftart nicht mehr als entscheidend erachtet wird. Anders als früher ist auch die Rechtschreibung am Anfang nicht das oberste Ziel. Wichtig ist, dass die Kinder motiviert werden und so durch Freude am Schreiben möglichst viele Erfahrungen sammeln.

WICHTIG

Lese-Rechtschreib-Schwäche

Kinder mit Lese-Rechtschreib-Schwäche (LRS, auch Legasthenie genannt) haben eine stark verzögerte Entwicklung im Lesen und Rechtschreiben. Trotz des Rückstandes in diesem Bereich sind ihre anderen Fähigkeiten völlig normal entwickelt, häufig sogar überdurchschnittlich. Man spricht deshalb von einer Teilleistungsstörung. Folgende mögliche Ursachen für LRS sind heute bekannt: vererbte Konzentrationsprobleme, feinmotorische Defizite, die zu »krakeliger« Schrift führen, auffällige motorische Unruhe und Impulsivität.

Mit den richtigen Methoden kann viel erreicht werden. Wichtig ist, dass die Übungen mit dem Kind behutsam und in kleinen Einheiten durchgeführt werden, damit die Motivation erhalten bleibt. Hier gilt so sehr wie nirgends sonst: Ohne Erfolgserlebnisse keine Erfolgsergebnisse. Vermuten Sie bei Ihrem Kind LRS, suchen Sie das Gespräch mit seinem Lehrer oder einem Spezialisten.

5 Tipps für Abc-Schützen

Schreibanfänger nicht überfordern

1. Nehmen Sie sich Zeit

Schreiben Sie regelmäßig mit Ihrem Kind Begriffe, die es begeistern: Zug, Rennwagen, Tiger, Donald … Lassen Sie Ihr Kind Bilder malen, die es beschriftet. Schreiben Sie gemeinsam Briefe an Verwandte und Bekannte.

2. »Lautieren« Sie

Sprechen Sie beim Buchstabieren Konsonanten als Laut, nicht als Buchstabenname, also »D«, nicht »De«, und »H«, nicht »Ha«. Sonst wird Ihr Kind HSE statt Hase und NT statt Ente schreiben.

3. Schreibzeug stets parat halten

Papier und Stifte sollten immer griffbereit und nicht im oberen Fach des Regals versteckt sein.

4. Linkshändigkeit akzeptieren

Etwa sieben Prozent aller Kinder sind Linkshänder. Manche bevorzugen anfangs keine Hand. Zwingen Sie Ihr Kind zu keiner Handlung mit rechts, die es besser mit links bewerkstelligt.

5. Vom Leichten zum Schweren

Anforderungen schrittweise steigern

Kinder schreiben anfangs oft so, wie sie sprechen. Von der Sprache abweichende Schreibweisen werden erst später aufgenommen. Nehmen Sie darauf Rücksicht. Rund 60 Prozent der deutschen Schriftsprache schreibt man so, wie man spricht. Auswahl gibt es genug: »Tomatensalat« ist ein langes, aber kein schweres Wort, »Mäusekäfig« wird schon mehr Probleme bereiten. Gern schreiben Kinder nach Diktat: Sprechen Sie deutlich, betonen Sie die Silben.

Schreibspiele für Anfänger

Rechtschreibklettern

Ab 1. Klasse

▶ Das Spielfeld (siehe rechts oben) wird auf ein DIN-A4-Blatt gezeichnet (dieses hier gilt für zwei Mitspieler). Jeder Spieler bekommt eine Spielfigur und einen Zettel. Alle Spieler stellen ihre Figuren auf das Startfeld. Ein Spielführer – ein Erwachsener oder ein Kind – liest ein Wort aus einer Zeitung oder einem Schulbuch vor. Die anderen schreiben es auf ihren Zettel. Danach wird gleich korrigiert: Wer das Wort richtig geschrieben hat, darf seine Figur ein Feld nach oben bewegen. Sieger ist, wer zuerst den Gipfel erreicht.

Fadenschreiben

Ab 1. Klasse

▶ Feuchten Sie einen wenigstens 2 Meter langen Wollfaden an. Das Kind darf nun damit – auf wasserfester Unterlage – verschiedene Wörter legen.

Dosendiktat

Ab 1. Klasse

Legen Sie in eine Dose mehrere Streifen Papier, auf denen jeweils ein kurzer Satz steht. Ihr Kind holt nun einen Streifen aus der Dose, liest den Satz genau durch und legt den Streifen zur Seite. Dann schreibt es den Satz auswendig in ein Heft. Ist der Satz falsch geschrieben, kommt er zurück in die Dose. Wenn er korrekt ist, darf es ihn behalten. Wie viele Streifen sammelt Ihr Kind?

Merken leicht gemacht: Die besten Techniken

Die Anlauttabelle für Schreibanfänger kennen Sie schon (siehe Seite 92). Ein weiteres Hilfsmittel zum Einprägen der Buchstaben und zugehörigen Laute ist das Tieralphabet: Für jeden Buchstaben steht ein Tiername, der mit diesem Buchstaben beginnt (A – Affe) oder ihn enthält (Y – Hyäne). Hier finden Sie einen Vorschlag für ein Tieralphabet. Aber lassen Sie Ihr Kind ruhig ein eigenes entwerfen! Für die Umlaute Ä, Ö und Ü kann man Affen, Otter und Uhu im Geist zwei große Punkte auf den Körper zeichnen.

Ein Tieralphabet

A = Affe	N = Nilpferd
B = Bär	O = Otter
C = Chamäleon	P = Pferd
D = Dachs	Q = Qualle
E = Esel	R = Reh
F = Fuchs	S = Stier
G = Gans	T = Tiger
H = Huhn	U = Uhu
I = Igel	V = Vogel
J = Jaguar	W = Wolf
K = Kuh	X = Echse
L = Laus	Y = Hyäne
M = Maus	Z = Zebra

Fantasie gefragt: In Bildern denken

Ab 1. Klasse

Ein solches Merksystem eignet sich für mehrere Zwecke. Ihr Kind kann sich damit zum Beispiel die Schreibweise von Wörtern merken, mit denen es auf Kriegsfuß steht, etwa »HEUTE«, das häufig »HOITE« oder »HOIDE« geschrieben wird. Der Merksatz dazu könnte folgendermaßen lauten: »Heute habe ich gesehen, wie ein Huhn auf einen Esel stieg – ähnlich wie die Bremer Stadtmusikanten. Da greift ein Uhu an, stark wie ein Tiger. Doch der Esel duckt sich. Das ging noch mal gut aus!«
Damit dieses Hakensystem – an den Tieren hängt man praktisch die Buchstaben auf – funktioniert, müssen die Tiere sehr gut eingeprägt werden. Dafür sollte Ihr Kind die Bilder der Tiere oft anschauen, sie malen und gemeinsam mit Ihnen das Alphabet nebenher immer wieder üben.

Schon früh hilfreiche Systeme schaffen

Von einem solchen System profitiert Ihr Kind übrigens sein Leben lang. In höheren Klassen etwa, wenn es sich immer mehr Formeln, Einheiten und andere Abkürzungen einprägen muss.

Hier zwei Beispiele:

Ab 5. Klasse

- SO_2 – Schwefeldioxid:
Ein Stier trifft zwei Otter, die tierisch stinken. (Schwefeldioxid riecht unangenehm!)
- $U = 2r \times \pi$ (Kreisumfang)
Ein Uhu hat Größenwahn: Er fühlt sich so stark wie zwei Pferde (π = Pi) und ein Reh zusammen.

Kombinationen aus Buchstaben und Zahlen

Ab 1. Klasse

Wie Sie an den Formeln sehen, stößt man öfter mal auf Kombinationen aus Buchstaben und Zahlen, die durchaus merkenswert sind. Diese kann sich Ihr Kind mit einer Mischung aus Tieralphabet und Zahlbildern (siehe Seite 89) einprägen.
Ihr Kind wird zum Beispiel Zeuge eines Autounfalls mit Fahrerflucht. Das Kennzeichen des Autos lautet: K EU 5442.
Ihr Kind merkt sich die Kombination folgendermaßen: »Ich sehe, wie eine Kuh (= K) einen Esel (= E) anrempelt, ein Uhu (= U) schaut zu. Ich greife ein, versuche, die Kuh abzulenken, indem ich ihr mit der Hand (= 5) zwei Kleeblätter (44) zum Fressen anbiete. Ein Schwan (2) ist aber schneller. Er schnappt sich die Kleeblätter.« Diese Geschichte zwei- oder dreimal wiederholt – und schon ist das Kennzeichen fest im Gedächtnis verankert.

Ein Tipp: Üben Sie diese Technik mit Ihrem Kind auf längeren Fahrten mit Kennzeichen der anderen Autos.

Wörter einprägen

Ab 1. Klasse

Mithilfe einer einfachen Technik kann Ihr Kind eine Liste mit zehn, zwanzig oder mehr beliebigen Begriffen perfekt im Gedächtnis speichern – und sie auch nach Tagen und Wochen noch abrufen. Wie Sie gleich sehen werden, ist das gar nicht so schwierig. Alles was man dazu braucht, ist Fantasie. Wichtig ist, dass man seine innere Vorstellungskraft aktiviert und eigene Ideen entwickelt.
Die Begriffe stellt man sich bildlich vor, malt sie sich in allen Einzelheiten aus und kombiniert sie auf ungewöhnliche, vielleicht auch komische Weise – je origineller, desto einprägsamer.

Ungewöhnliche Bilder kreieren

Hier ein einfaches Beispiel: Wenn man sich die Wörter Buch und Schrank einprägen möchte, dann visualisiert man beide Begriffe vor seinem inneren Auge möglichst genau und malt sie vielleicht noch unterschiedlich farbig an. Anschließend verbindet man die beiden Begriffe. Zum Beispiel könnte man sich vorstellen, der Schrank hat die Form eines Buches. Oder man erfindet eine kleine Szene dazu: Jemand liest heimlich im Schrank ein Buch. Und schon sind beide Wörter im Gedächtnis gespeichert. Wenn man nun gefragt wird: »Was fällt dir ein bei dem Wort Buch?«, dann taucht automatisch das Bild vom Schrank auf und umgekehrt natürlich ebenso.

Übung mit Wortpaaren

▶ Prägen Sie sich gemeinsam mit Ihrem Kind folgende Wortpaare wie eben beschrieben ein:

Zeitung – Saft
Schaukel – Glas
Computer – Couch
Teppich – Pferd
Lexikon – Nachtisch
Klavier – Spazierstock
Kamel – Schere
Katze – Auto

(Be)merkenswert: Dieses Kamel ist gar nicht gewöhnlich!

▶ Lesen Sie anschließend jeweils einen Begriff vor, und Ihr Kind sagt den dazugehörigen.

Na, wie ist es Ihnen bei diesem Spiel ergangen? Das war doch gar nicht so schwierig, oder? Wichtig dabei ist, sich alles ganz bildlich vorzustellen. Bei Zeitung – Saft hat Ihnen vielleicht jemand Saft über die Zeitung geschüttet. Können Sie sich bildlich vorstellen, wie die Seiten zusammenkleben?

So funktioniert es mit ganzen Wortlisten

Nachdem Sie sich mit Ihrem Kind bei der vorigen Übung Wortpaare vorgestellt haben, können Sie sich jetzt an ganze Wortreihen oder Wortketten wagen. Genau wie vorhin ist auch bei dieser Übung wieder Fantasie gefragt.

Fantasie ohne Ende

▶ Denken Sie sich einfach eine kleine Geschichte aus, die folgende Begriffe miteinander verknüpft: Hund – Apfel – Korb – Teller – Hut – Bier – Stuhl – Hemd – Schuh – Wasser.

Und so könnte die Geschichte lauten: »Der Hund sammelt Äpfel unter dem Baum und legt sie in einen Korb. Den vollen Korb deckt er mit einem Teller ab. Anschließend findet er den Hut seines Herrchens, der wegen zu starkem Biergenuss vom Stuhl gefallen ist. Er leckt und zupft an seinem Hemd, um ihn aufzuwecken. Da das nicht gelingt, zieht er ihm einen Schuh aus, den er ins Wasser schmeißt.«

Ist Ihnen dabei etwas aufgefallen? Jeder Begriff der Geschichte ist mit dem folgenden in der richtigen Reihenfolge verbunden.

TIPP!

Wer erzählt denn da?

Manchmal klappt es noch besser, wenn man die Geschichte aus der Sicht einer Person oder Figur erzählt. So könnte der Wasserkreislauf aus der Perspektive eines Wassertropfens namens Ping erzählt werden. Probieren Sie es!

Übungen mit Wortlisten

Ab 2. Klasse

- Lassen Sie die eben erdachte Geschichte von Ihrem Kind rückwärts erzählen, beginnend mit dem Wort Wasser. Auch das dürfte keine Schwierigkeiten bereiten.
- Denken Sie sich eine einfache Geschichte aus, in der Milchprodukte aufgezählt werden: Milch, Joghurt, Quark, Käse, Butter …
- Und jetzt den Wasserkreislauf: Meer, Wolken, Regen, Gebirge, Bach, Fluss. Hier ist die richtige Reihenfolge wichtig!

Mehr als nur Substantive

Jetzt wird es etwas schwieriger. In der nächsten Übung gilt es, sich bereits 20 Wörter einzuprägen. Außerdem werden nicht nur Hauptwörter abgefragt, sondern auch Zeit- und Eigenschaftswörter mit Bildern verknüpft.

Das System weiter anwenden

Der Trick hierbei besteht darin, das Eigenschaftswort mit einer konkreten Situation oder Handlung zu verbinden. Wenn beispielsweise die Kombination »selten – grob« behalten werden soll, könnte man sich konkret vorstellen, wie man zwar selten, aber doch hin und wieder grob mit seinen Freunden umgeht. Oder bei »immer – teuer«: Im Supermarkt lassen wir die teuren Angebote immer links liegen.

Übung mit vielen Wörtern

Ab 2. Klasse

- Probieren Sie es doch mal gemeinsam mit Ihrem Kind:
Fisch – gelb – kleben – Fenster – Bild – schwimmen – warm – Buch – leise – Tasse – Strauch – erholen – Batterie – günstig – laufen – Blume – müde – Papier – Foto – Freizeit.

Sicher haben Sie festgestellt, dass man sich hierbei schon mehr anstrengen muss. Um eines kommt man beim Lernen einfach nicht herum: Das Erfolgsgeheimnis liegt letztendlich im Üben.

Hokus-Lokus: Die Örtchen im Geist

Ab 1. Klasse

Noch heute benutzt man erfolgreich Gedächtnistricks, die bereits in der Antike erfunden wurden. Die Lokus-Methode gehört dazu. Sie funktioniert so: Man verbindet Informationen, die man auf keinen Fall vergessen möchte, im Geist mit Orten, die man sich ohne Probleme bildlich vorstellen kann, beispielsweise das Arbeitszimmer oder ein bekannter Weg. Diese Methode mag zunächst umständlich erscheinen. Sie ist aber vielfach getestet und hat sich als hervorragendes Hilfsmittel bewährt, mit dem man Einzeldaten abrufen kann, die sonst keine Verbindung miteinander haben.

Per Unfall geboren

Loci ist die Mehrzahl von Locus. Locus heißt auf Lateinisch Ort. Sie wissen sicher, dass Lokus ein etwas altmodisches Wort für das stille Örtchen ist. Der griechische Dichter Simonides hat angeblich um 500 v. Chr. die Lokus-Technik (auch Loci-Technik, also Technik der Orte) erfunden: Er war anlässlich einer olympischen Siegesfeier zu einem großen Festbankett eingeladen und sollte zu Ehren des Gastgebers eine Rede halten. Kurz nach seiner Lobrede rief man ihn weg. Zu seinem Vorteil! Denn kaum hatte er das Haus verlassen, stürzte es ein, und alle Gäste kamen ums Leben. Das Unglück war so heftig, dass die Toten nicht mehr identifiziert werden konnten.
Als Simonides befragt wurde, konnte er sich genau erinnern, wer wo gesessen hatte. Er konnte daher die Leichen richtig identifizieren. Simonides entwickelte aus dieser Erfahrung ein Erinnerungssystem. Um eine Vielzahl von Gegenständen zu behalten, stellte er sie einfach im Geiste an bestimmte Stellen im Raum. Wollte er die Gegenstände wieder abrufen, ging er im Geiste nochmals durch den Raum und konnte sich auf seinem Weg an jeden markanten Punkt mit dem richtigen Gegenstand erinnern.

Simonides machte es vor: Zur richtigen Zeit am richtigen Ort.

Das Zauberhandwerk muss man erst mal lernen

Ab 1. Klasse

▶ Erstellen Sie gemeinsam mit Ihrem Kind einen Routenplan. Dieser enthält möglichst markante Orte in Ihrer Wohnung und sollte gut vorstellbar sein.
Als ersten Punkt nehmen Sie zum Beispiel die Tür des Kinderzim-

mers (1). Man stellt sie sich so genau wie möglich vor: die Farbe, das Material, die Türklinke und so weiter. Als nächsten Punkt nehmen wir den Schreibtisch (2). Man kann ihn sich in der Fantasie ruhig etwas größer vorstellen, als er wirklich ist. Weitere Punkte könnten dann sein: Papierkorb (3), Fenster (4), Lampe (5), Regal (6), Schrank (7), Musikanlage (8), Heizung (9), Computer (10).

Bekannte Plätze als »Merk-Male«

In einem Raum können Sie gut 20 oder mehr Routenpunkte wählen. Wenn Sie Küche, Wohnzimmer, Schlafzimmer, Abstellraum, Badezimmer und WC und die verschiedenen Kellerräume dazunehmen, kommen Sie leicht auf über 100 Bezugspunkte.
Man kann auch vor seinem geistigen Auge eine Reise unternehmen. Die Orte oder Punkte, die gewählt werden, sollten allerdings vertraut sein.

Und jetzt die Aufführung!

Die Methode einüben

Wenn Sie 10 oder 20 Bezugspunkte gelernt haben, prägen Sie sich gemeinsam mit Ihrem Kind folgende Begriffe ein:
1. Stuhl – 2. Leiter – 3. Stift – 4. Taschenmesser – 5. Schlüssel – 6. Korkenzieher – 7. Schere – 8. Kabel – 9. Becher – 10. Lampe – 11. Radio – 12. Liege – 13. Drucker – 14. Decke – 15. Telefon.

Trainieren Sie mithilfe dieser Liste die Lokus-Technik mehrmals und erzählen Sie einander Ihre »Marschrouten« dazu!

Body-Painting – der Körper als Gedächtnisstütze

Ab 1. Klasse

Bei dieser Technik dient der Körper als Gedächtnisstütze. Ihr Kind benutzt ihn sozusagen als mentalen Notizblock und kann ihn vielseitig einsetzen.
Angenommen, Ihr Kind möchte sich an eine Einkaufs- oder Erledigungsliste erinnern. Wie funktioniert das?
Man stellt sich seinen Körper vor. Nun verbindet man mental die Erledigungen oder Gegenstände mit den Teilen seines Körpers. Die Teile, die dann besetzt sind, werden (in Gedanken) mit einer Farbe bemalt. So weiß man sofort, was noch frei ist. Die Reihenfolge sollte immer gleich sein, beginnend mit dem Kopf:
Zeitschrift abholen – Kopf
Obst einkaufen – Schulter
Hund ausführen – rechter Arm
Taschentücher besorgen – Brust
Rasen mähen – Bauch.

Lustig und merk-würdig

▶ Dazu erfindet Ihr Kind wieder eine Geschichte: Es stellt sich zum Beispiel vor, wie es die Zeitschrift auf dem Kopf (1) balanciert, das Obst auf der Schulter (2), der Hund sich beim Gassigehen in seinem rechten Arm (3)

festgebissen hat. Die Taschentücher steckt es in die Brusttasche (4), den Rasenmäher zieht es mit einem Seil um den Bauch (5) hinterher. Gut ist dabei jede merk-würdige Vorstellung.
Will man sich noch mehr merken, sucht man einfach weitere Bezugspunkte am Körper: Nase, Kinn, Kehle …

Übungen zum Body-Painting

- Stellen Sie Ihrem Kind die Aufgabe, sich die einzelnen Stücke seiner Lieblings-CD mit dem tragbaren Lokus – also seinen Körperteilen – einzuprägen.
- Ihr Kind soll einige wichtige Stichworte des aktuellen Sachkundethemas an seinem Körper verankern. Wenn eine Probe bevorsteht, umso besser!

»Taschen-Trick« – ganz legale Hilfe für alle Tests

Ab 1. Klasse

Beim Taschen-Trick handelt es sich um eine einfache Methode, die man jederzeit und ohne großen Aufwand überall anwenden kann. Man benötigt lediglich einige kleine Gegenstände und etwas Fantasie.

- Als Gegenstände eignen sich beispielsweise Radiergummi, Büroklammern, Spitzer, Geldstücke, Murmeln und Ähnliches. Man nimmt nun einen Gegenstand in die Hand, befühlt ihn und stellt sich dabei das Stichwort in Verbindung mit diesem Gegenstand vor. Dann nimmt man den zweiten Gegenstand und verbindet ihn ebenso mit einem weiteren Stichwort, und so fort.
Anschließend werden diese Gegenstände eingesteckt, etwa in die Hosentasche. Wird man nun abgefragt, greift man in die Hosentasche und fühlt die einzelnen Teile. Sofort kommen die Erinnerungen an die gesuchten Begriffe.

Der Spickzettel – hier ist er Pflicht

Ab 3. Klasse

Das kennen Sie wahrscheinlich noch aus Ihrer eigenen Schulzeit. Mit fast mikroskopisch kleiner Schrift notierten Sie alle wesentlichen Punkte, die für eine Klassenarbeit nötig waren, auf Ihrem Spickzettel. So klein musste er sein, dass er in die Handfläche passte oder in das Minitäschchen im Mäppchen, in die Umschlaglasche eines Heftes. (Notfalls, so hat man sich immer vorgenommen, musste er auch schnell verschluckt werden können!) Entsprechend wenig – wirklich nur das Allerwichtigste – passte auf diese verbotenen Papierchen. Welcher Effekt trat ein? Indem Sie sich die wichtigsten Punkte aus dem Lernstoff herausgesucht

Sich auf Wesentliches beschränken

und sie aufgeschrieben hatten, war der Spickzettel eigentlich fast nicht mehr nötig. Die akribische Arbeit hatte sich gelohnt – ohne zu schummeln. Es empfiehlt sich also immer, Spickzettel zu schreiben. Nur anwenden sollte man sie nicht. Wie Sie das Ihrem Kind am besten erklären? Das überlassen wir gern Ihnen …

Reime, Quatsch und Eselsbrücken

Ab 1. Klasse

Es gibt viele Merktechniken, die sehr unernst daherkommen – aber wirklich effektiv sind. Einige stellen wir Ihnen hier vor:

Merken im Gleichklang

Wenn man sich »auf etwas einen Reim machen kann«, prägt es sich gut ein. Sprüche wie »Iller, Lech, Isar, Inn, fließen rechts zur Donau hin, Altmühl, Naab und Regen, fließen links entgegen« oder »Erst das Wasser, dann die Säure, sonst geschieht das Ungeheure« kann man auch nach Jahren noch problemlos aufsagen. Auch Werbefachleute verwenden gern Reime, um Slogans einprägsam zu machen.

Die Methode für Dichter

Erfinden Sie gemeinsam mit Ihrem Kind lustige Reime zu aktuellen Lernthemen. Der Versuch lohnt sich!

Quatschmethode

Um sich einen zusammenhanglosen Inhalt zu merken, ist es oft nützlich, die Anfangsbuchstaben von wichtigen Stichwörtern zu nehmen und sich ein (halbwegs) sinnvolles Merkwort daraus einfallen zu lassen. In der Fachsprache wird dieses Initialwort als Akronym bezeichnet. Diese Methode kann man auch mit einer Geheimsprache vergleichen. Hier ein paar Beispiele:

Abkürzungen als Gedankenstütze

- APJUNSENO
  April, Juni, September, November
  (Monate mit 30 Tagen)
- HAS
  Hammer, Amboss, Steigbügel
  (Namen der Mittelohrknochen)
- afgug
  allgemein, frei, gleich, unmittelbar, geheim
  (Eigenschaften demokratischer Wahlen)

Alltagskauderwelsch
In der Praxis stößt man sehr häufig auf diese Akronyme:
So wurde ein Windkraftwerk an der Nordsee GROWIAN (Große Windenergieanlage) getauft.
Es ist manchmal richtig interessant, sich einmal zu vergegenwärtigen, welche Begriffe hinter den verschiedenen geläufigen Abkürzungen stecken: Wissen Sie zum Beispiel, was Unimog und ARD bedeuten?

Lösung auf Seite 123

TIPP!

Gute Brücken – nicht nur für Esel

E – A – D – G – H – E:
Ein **A**nfänger **d**er **G**itarre **h**at's **e**infach (Reihenfolge der Gitarrenseiten).

e – g – h – d – f:
Emil **g**eht **h**eute **d**urch **F**lensburg (die 5 Notenlinien).

f – a – c – e:
Fritz **a**ß **C**itron**e**neis (Name der Noten in den Zwischenräumen).

Unterschied zwischen afrikanischen und indischen Elefanten:

afrikanische haben **la**nge Ohren, **indi**sche haben **win**zige Ohren.

N – O – S – W:
Nie **o**hne **S**eife **w**aschen (Reihenfolge der Himmelsrichtungen).

SKAT:
Sparta, **K**orinth, **A**then, **T**heben. (die wichtigsten Städte im antiken Griechenland).

Mein **V**ater **er**klärt **m**ir **j**eden **S**onntag **u**nsere **n**eun **P**laneten:
Merkur – **V**enus – **E**rde – **M**ars – **J**upiter – **S**aturn – **U**ranus – **N**eptun – **P**luto.

Das Lernen mit Eselsbrücken

Ab 1. Klasse

Assoziationen oder Eselsbrücken sind ein hervorragendes Instrument zur Steigerung der Gedächtnisleistung. Ähnlich einem Magneten, der Metall aus einem Haufen anderer Materialien aufspürt, holen sie schwer zugängliche Erinnerungen ans Licht. Der Trick besteht darin, dass man neue Informationen mit bereits Bekanntem verknüpft. Am besten wirken die »Brücken« übrigens, wenn man sie selbst erfunden hat. Im Kasten links finden Sie einige bekannte Beispiele.

Vokabeln lernen – ganz easy

Ab 4. Klasse

Kennen Sie den Satz: »Gestern habe ich die Vokabeln alle noch gewusst. Und heute waren sie wie weggeblasen!« Und das, obwohl Ihr Kind intensiv gelernt hat. Intensiv – aber wohl nicht richtig.

Grundregeln zum Vokabellernen

- Wichtig ist, nicht zu viele neue Vokabeln an einem Tag zu lernen. Die Obergrenze bei älteren Schülern liegt bei 30 Wörtern, bei jüngeren sind schon 10 eine gute Leistung.

Vokabeln lernen

Vokabel	Klingt ähnlich wie	Bedeutung	Verbindung
brick	Brikett	Ziegel	Ein Haus wird aus Briketts statt aus Ziegeln gebaut.
plant	Plantage	Pflanze, Gewächs	Auf der Plantage wachsen viele Pflanzen.
grate	Gräte	Kamingitter	Eine Gräte steckt im Kamingitter.
impact	im Paket	Aufprall, Stoß, Zusammenprall	Wie sieht's im Paket aus, wenn es mit anderen zusammengeprallt ist?

- Ihr Kind sollte niemals alle Vokabeln auf einmal lernen: Viel sinnvoller ist es, sie in Gruppen von fünf bis sieben Vokabeln aufzuteilen, danach folgt eine Vokabel-Lernpause. In dieser beschäftigt sich das Kind mit etwas völlig anderem. Schließlich folgt die Wiederholung – und danach dann das Einprägen von fünf bis sieben weiteren Vokabeln.

Wiederholung spart Zeit und Nerven

- Wer Vokabeln wirklich ernsthaft lernen will, muss sie mehrfach wiederholen. Am besten in Abständen von mehreren Tagen und einigen Wochen. Sie können Ihr Kind beim Lernen unterstützen, indem Sie bei allen möglichen Gelegenheiten immer wieder die aktuellen Vokabeln spontan abfragen. Die beste Übung ist natürlich die ständige praktische Anwendung.

Lernen mit Fantasie

Auch beim Vokabellernen kann die Fantasie helfen. Eine Möglichkeit, die bei manchen Kindern sehr gut funktioniert, ist die folgende: Man sucht zunächst für die fremdsprachige Vokabel ein ähnliches Wort im Deutschen und stellt dann eine Gedankenverbindung her – je verrückter diese ist, desto besser. Anschließend verbindet man dieses Bild mit der tatsächlichen Bedeutung der Vokabel. Etwa so: Die Vokabel »brick« ähnelt vom Klang dem deutschen »Brikett« und bedeutet »Ziegel«.

Sprachtalent dank Vorstellungskraft

Die Gedankenverbindung bildet die Vorstellung, dass ein Haus aus Bricketts statt aus Ziegeln gebaut wird. Weitere Beispiele finden Sie in der Übersicht oben.

Plakate, Popstars, Lernmaschine ...

Ab 4. Klasse

Mit dem Karteikasten kann man nahezu alles lernen. Egal, was gelernt werden muss, Vokabeln, Geschichtsdaten oder Formeln: Man schreibt es einfach auf kleine Zettel. Diese Lernmaschine kann man wirklich von der Grundschule bis zum Gymnasium, während der Berufsausbildung oder im Studium einsetzen; im Grunde handelt es sich um eine Lernmethode, die für das ganze Leben nützlich ist. Den Karteikasten können Sie gemeinsam mit Ihrem Kind sehr einfach selbst herstellen. Oder Sie kaufen einfach einen: Sie bekommen Karteikästen in guten Schreibwarengeschäften.

So arbeitet man mit der Lernmaschine

Auf die Vorderseite der Karteikärtchen oder Zettel schreibt Ihr Kind zuerst die Frage, auf die Rückseite die Antwort.
Es ist günstig, für jedes Fach Karteikarten in einer bestimmten Farbe zu verwenden. Beim Vokabelnlernen ist es außerdem vorteilhaft, nicht nur ein Wort aufzuschreiben, sondern ganze Sätze, damit das Wort auch im Zusammenhang gelernt wird.

So funktioniert's

1. Es geht los!
Etwa sieben Kärtchen werden mit Vokabeln beschriftet und nacheinander in das erste Fach gelegt. Dabei ist wichtig, dass man sich den Inhalt möglichst bildhaft vorstellt, vielleicht in eine Handlung überträgt und, wenn möglich, mit Emotionen verbindet.

2. Was klappt auf Anhieb?
Nachdem die Vokabeln übertragen worden sind, nimmt Ihr Kind die Kärtchen und versucht den fremdsprachlichen Begriff (oder die Antwort) wiederzugeben. Gelingt das nicht, steckt es die Karte in das erste Fach zurück, gelingt es, wandert die Karte in das zweite Fach.

3. Es geht weiter
Am nächsten Tag kommt auf dieselbe Weise eine Portion neuer Kärtchen hinzu. Zusätzlich werden die bereits am Vortag geschriebenen, aber nicht gewussten Kärtchen wiederholt. Ist die Antwort dieses Mal richtig, wandert das Kärtchen in das nächste Fach. Ist die Antwort falsch, bleibt es in Fach 1.

4. Noch einmal!
Jeden zweiten Tag werden die Kärtchen von Fach 2 wiederholt. Ist die Antwort nicht auf Anhieb richtig, wandert die Karte wieder zurück in Fach 1. Sonst wird sie im 3. Fach abgelegt.

Formeln oder Regeln – so lernt man sie

5. Klappt es immer noch?
Die Kärtchen aus Fach 3 werden nach etwa einer Woche wieder durchgegangen und wandern dann bei richtiger Antwort in Fach 4, ansonsten kommen sie zurück in das 1. Fach.

6. Fast geschafft:
Wie beim vorigen Schritt wird mit den Kärtchen im 4. Fach nach etwa einem Monat vorgegangen.

7. Endspurt!
Wenn ein Kärtchen nach einigen Monaten das letzte und fünfte Fach erreicht hat, kann es bei fehlerfreiem Abrufen ohne Sorge weggeworfen werden. Nachdem die Karten schrittweise vor- und rückwärts wanderten, bis das 5. Fach erreicht wurde, kann davon ausgegangen werden, dass die Vokabeln nun im Langzeitgedächtnis gespeichert sind.

Jetzt ist es fast geschafft

So geht's weiter

Fortgeschrittene Lerner können das Pensum auf etwa 30 Kärtchen pro Tag und Fach erweitern. Der Lernvorgang sollte dabei in Blöcke bis maximal sieben Karteikärtchen aufgeteilt werden, um das Kurzzeitgedächtnis nicht zu überfordern.

Vorteile der Lernmaschine

- Ihr Kind wiederholt immer nur das, was es wirklich noch nicht beherrscht.
- Alle unnötigen Wiederholungen entfallen.
- Der Lernstoff wird in kleinste Teile zerlegt.
- Die Lernmaschine verschafft Kontrolle darüber, was man kann und was nicht.
- Schwieriger und vergessener Lernstoff wird öfter wiederholt.
- Karteikasten und Karteikärtchen können ganz einfach selbst hergestellt werden.
- Das Kind hat immer wieder kleine Erfolgserlebnisse, wenn es die Karten ins nächste Fach stecken kann.

So könnten hilfreiche Karten aus der Lernmaschine aussehen.

mind never mind	Sinn, Kopf, Geist mach dir nichts draus	Wie heißt die Hauptstadt der Schweiz?	Bern
Vorderseite	Rückseite	Vorderseite	Rückseite

Eindrucksvoll: Lernplakat

Je öfter Sie Personen treffen, umso eher werden sie zu »alten Bekannten«. Ebenso geht es uns mit Lernstoff. Mithilfe des Lernplakats kann man das Gelernte zum »alten Bekannten« werden lassen. Das geht so: Alles Wichtige – Formeln, Geschichtszahlen, Vokabeln – schreibt man möglichst groß und deutlich mit einem dicken Stift auf ein riesiges Stück Papier, vielleicht eine Tapetenrolle, einen Bogen Packpapier oder Makulaturpapier. Besonders hilfreich sind dann noch eigene Zeichnungen, passende Fotos oder Kommentare, die einem zum Lernstoff einfallen.

Freie Fahrt für Kreativität

Vielleicht haben Sie ja eine Idee, wo ein solches Plakat für Ihr Kind hängen könnte: Es muss an einer Stelle sein, die Ihrem Kind oft ins Auge fällt oder an der es sich regelmäßig aufhält, also im Arbeitszimmer, über dem Bett oder auf der Toilette (kein Witz!). Dieser Lernstoff begegnet Ihrem Kind nun ziemlich oft und wird so zum alten Bekannten.

Lernen im Vorbeigehen

Nach zwei oder drei Wochen hat Ihr Kind die Notizen auf dem Plakat so oft wiederholt und so fest verinnerlicht, dass Sie das Plakat auswechseln können. Schließlich wollen Sie ja weitere Informationen ins Langzeitgedächtnis transportieren.

Wie wirkungsvoll solche Lernplakate sind, erlebt man, wenn man die Poster seiner Idole zum Lernplakat umgestaltet. Der Popstar bekommt eine Sprechblase, auf der er dann schwierige physikalische, chemische oder mathematische Formeln flüstert oder die neuesten Vokabeln aufsagt.

Super: Zettelwirtschaft

Etwas weniger aufwändig, aber genauso wirkungsvoll wie das Lernplakat ist die Methode mit kleinen Notizzetteln. Diese werden – natürlich mit weniger Informationen versehen – mit dem Lernstoff beschriftet und deutlich sichtbar im Arbeitszimmer aufgehängt. Ähnlich wie beim Spickzettel besteht die Lernleistung auch darin, dass man Wesentliches knapp zusammenfasst. Jedes Mal, wenn man die Zettel sieht, wird man an das Geschriebene erinnert, es wird wiederholt und bereits Vergessenes aufgefrischt.

Wissen auf Schritt und Tritt

TIPP!

Lernprofit für alle

Sie lassen sich von Ihrem Kind Listen oder Kärtchen mit den aktuellen Vokabeln geben. Beim Spazierengehen oder Einkaufen fragen Sie immer mal die eine oder andere Vokabel ab. So frischen Sie nebenbei auch Ihre eigenen Fremdsprachenkenntnisse auf.

Mind-Mapping: Der schnelle Überblick

Mitte der 70er Jahre machte der Engländer Tony Buzan das so genannte Mind-Mapping populär – das Anfertigen von Gedankenkarten. Dabei handelt es sich um eine ganzheitliche Methode, mit der nach der Rechts-links-Theorie (siehe Seite 20) die Fähigkeiten beider Seiten des Gehirns eingesetzt werden.

Gedanken zu Papier bringen

Einmal können Sie mithilfe einer Mind-Map Ihre Gedanken und Ideen sinnvoll ordnen, zum anderen haben Sie genügend Freiraum, Ihre Fantasie und Kreativität einzubringen. Als Ergebnis erhält man ein Bild auf Papier, das über zahlreiche Verknüpfungen und Stichworte die Gedanken sortiert und als Gedächtnisstütze dient.

Die Art und Weise, wie jemand eine Mind-Map erstellt, spiegelt die Arbeitsweise seines Gehirns eher wider als ein einfacher Text, den er schreibt. Während die Mind-Map nämlich Informationen miteinander vernetzt, ist ein Text linear aufgebaut und enthält viele unnötige Füllwörter.

Ein Bild vom Denken

Ein Beispiel für eine Mind-Map finden Sie auf der rechten Seite: So wie diese Zeichnung könnte eine Mind-Map zum vorliegenden Ratgeber aussehen.

Eine Mind-Map anlegen – so funktioniert's

Ab 1. Klasse

Es gibt einige Grundregeln, wie eine Mind-Map anzufertigen ist. Der Rest liegt im Wesentlichen an dem, der die Map erstellt.

- Das Papier wird möglichst im Querformat genutzt. Man schreibt oder besser: zeichnet in die Mitte ein einprägsames Bild, aus dem das Hauptthema zu erkennen ist. Denn, wie schon ein bekanntes Sprichwort sagt: »Ein Bild sagt mehr als 1000 Worte!« Falls einem keine Zeichnung einfallen sollte, wird das Schlüsselwort zumindest auffällig in der Blattmitte markiert.
- Vom zentralen Bild aus gehend, zeichnet man für jeden Unterpunkt eine Linie.
- Auf diese Linien werden die Schüsselworte zu den jeweiligen Unterpunkten geschrieben. Um die Mind-Map möglichst gut lesbar und einprägsam zu machen, schreibt man diese Worte in Druckbuchstaben.

Bild und Schrift als Einheit

- Von diesen Punkten oder Gedanken ausgehend, können Linien mit weiteren Unterpunkten aufgeführt werden.
- Um die Übersichtlichkeit zu erhöhen, benutzen Sie unterschiedliche Farben. Punkte, die einen Bezug zueinander haben, können mit der gleichen Farbe hervorgehoben werden.

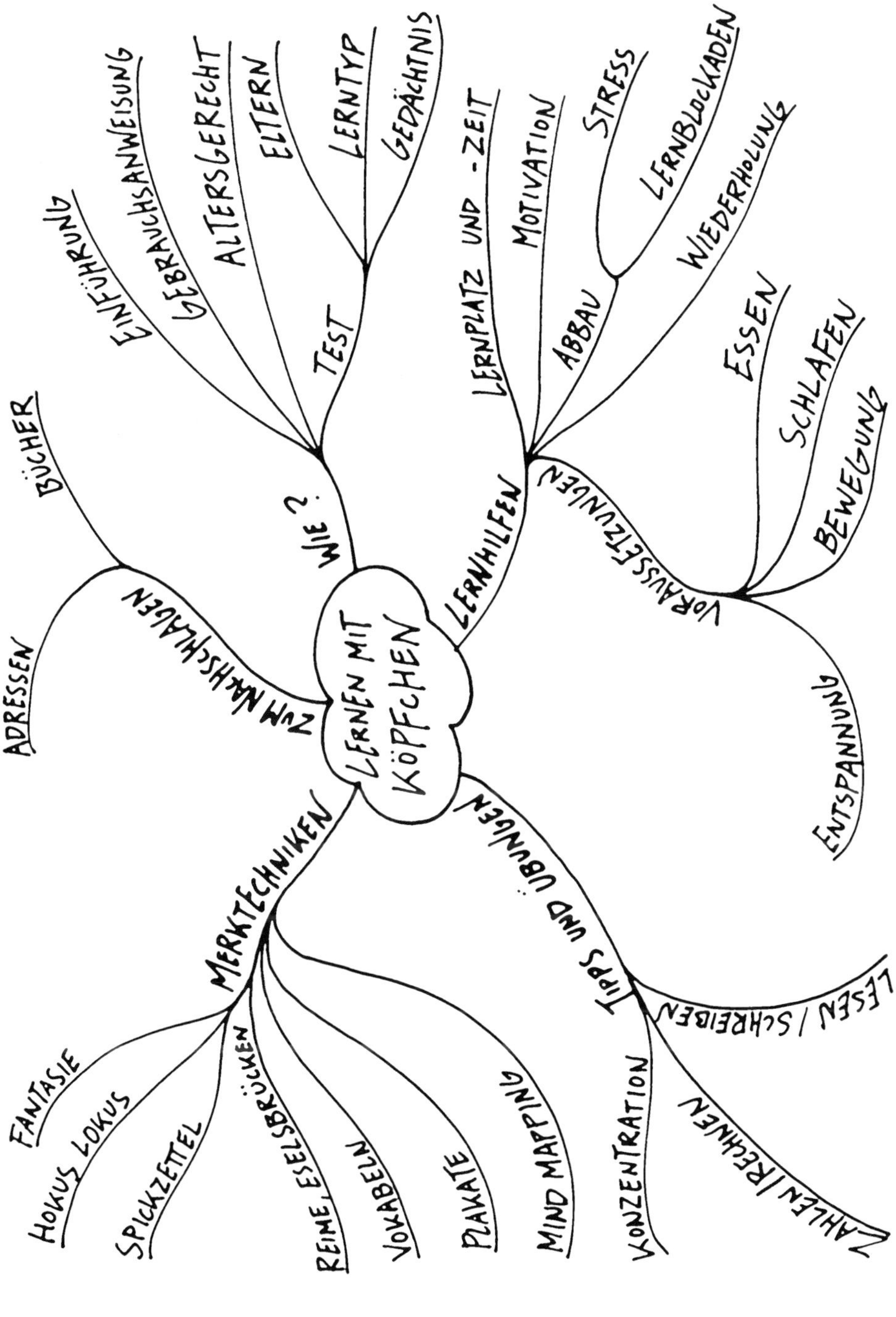
LERNEN MIT KÖPFCHEN
WIE?
TEST
EINFÜHRUNG
GEBRAUCHSANWEISUNG
ALTERSGERECHT
ELTERN
LERNTYP
GEDÄCHTNIS
LERNHILFEN
LERNPLATZ UND -ZEIT
MOTIVATION
ABBAU
STRESS
LERNBLOCKADEN
WIEDERHOLUNG
VORAUSSETZUNGEN
ESSEN
SCHLAFEN
BEWEGUNG
ENTSPANNUNG
TIPPS UND ÜBUNGEN
LESEN / SCHREIBEN
ZAHLEN / RECHNEN
KONZENTRATION
MERKTECHNIKEN
MIND MAPPING
PLAKATE
VOKABELN
REIME, ESELSBRÜCKEN
SPICKZETTEL
HOKUS LOKUS
FANTASIE
ZUM NACHSCHLAGEN
ADRESSEN
BÜCHER

- Bilder oder Symbole (zum Beispiel Pfeile, geometrische Figuren, gemalte Ausrufe- oder Fragezeichen und selbst ausgedachte Sinnbilder) erleichtern die Aufnahme des Inhalts und können helfen, einzelne Bereiche besonders hervorzuheben oder voneinander abzugrenzen.

Spontaneität ist Trumpf

- Beim Anlegen einer Mind-Map kann man seiner Kreativität freien Lauf lassen, indem man sehr schnell vorgeht und nicht allzu lange überlegt, an welcher Stelle die Mind-Map ergänzt werden könnte. Da man schneller denken als schreiben kann, wird sonst der freie Gedankenfluss gestört. Änderungen können immer noch später in einer Neuzeichnung vorgenommen werden. Der Inhalt wird durch die Wiederholung nochmals verarbeitet und kann so besser erinnert werden.

Vorteile des Mind-Mappings

- Ein kurzer Blick auf die Mind-Map genügt, um das Thema sofort durch die zentrale Anordnung zu erfassen. Mind-Maps passen meist auf eine DIN-A4-Seite und sind daher in der Regel sehr übersichtlich.
- Die grafische Umsetzung unterstützt die Darstellung der Gedanken. Wenn man eine Mind-Map anfertigt, konzentriert man sich ganz automatisch voll auf ein Thema.
- Die Bedeutungen von Gedanken oder Ideen werden durch die Verästelungen gut sichtbar. Das hilft zum Beispiel, die Details eines Lernstoffs entsprechend ihrer Bedeutung zu lernen.
- Die Gedanken werden sofort strukturiert.

Lücken erkennen – auf einen Blick

- Durch die grafische Darstellung erkennt man leicht, welche Teilbereiche eines Themas noch wenig durchdacht sind. So hilft die Mind-Map auch bei der Einteilung eines Lernplans.
- Durch die Anwendung von Schlüsselwörtern konzentriert man sich auf Wesentliches. So spart man Zeit und Platz.
- Mind-Maps eignen sich hervorragend zur Wiederholung von Wissensstoff; die Schlüsselwörter reichen aus, um den Inhalt zu rekonstruieren und in Erinnerung zu rufen.
- Mind-Maps können jederzeit noch weiter wachsen, indem man sie auch später ergänzt oder erweitert.

Aller Anfang ist schwer …

Viel üben bringt Freude und Erfolg

Die ersten Mind-Maps, die Sie oder Ihr Kind erstellen, werden vielleicht etwas unübersichtlich und konfus aussehen. Aber mit etwas Übung und Erfahrung erkennt man bald die Vorteile.

Dafür sind Mind-Maps gut

Mind-Maps können immer dann eingesetzt werden, wenn in relativ kurzer Zeit schriftliche Aufzeichnungen erstellt werden müssen und man sich später wieder daran erinnern möchte.

Diskussionen und Gespräche

Wenn mehrere Schüler diskutieren, zum Beispiel in einer Lerngruppe (siehe Seite 47) können unterschiedliche Standpunkte und Ansichten in einer großen Mind-Map festgehalten werden. Die Aussagen werden eher auf den Punkt gebracht, da nur Schlüsselwörter aufgezeichnet werden. Langatmige Ausschweifungen bleiben unberücksichtigt. So eignen sich Mind-Maps auch zum Schreiben von Protokollen.

Kurz, knapp und präzise

Persönliche Notizen

Mind-Maps sind auch gut zum Zusammenfassen von Artikeln oder Büchern, bei der Erstellung von Erledigungslisten oder im Unterricht zum Mitschreiben.

Lernen und Wiederholen

Mind-Maps können eine gute Methode sein, um gelernten Stoff systematisch zu wiederholen. Man zeichnet alles auf ein leeres Blatt, an was man sich erinnert. Anschließend vergleicht man dieses Wiederholungs-Map mit der zuerst erstellten Mind-Map. Defizite werden sofort sichtbar und können gezielt beseitigt werden.

Aufsatz und Vortrag

Anderen zeigen, wie Sie denken

Wenn die Inhalte eines Vortrags oder Aufsatzes zusammengefasst werden sollen, hilft eine Mind-Map weiter. Einzelne Absätze oder Themenbereiche lassen sich gut durch farbliche Markierung oder durch eine entsprechende Anordnung voneinander abgrenzen. Wenn man selbst einen Vortrag halten muss, hilft einem die Struktur einer Mind-Map. Man kann sie dann sogar als Gedächtnisstütze während eines Vortrags benutzen. Bevor der Reintext eines Aufsatzes geschrieben wird, hilft einem eine Mind-Map als Grobkonzept.

TIPP!

Übung macht den Mind-Map-Meister

Am besten, Ihr Kind macht eigene Erfahrungen mit dieser Methode. Dann wird es auch immer wieder neue, eigene Anwendungsgebiete dafür finden.
Zum Üben erstellen Sie gemeinsam mit Ihrem Kind eine Mind-Map nach den oben erklärten Regeln. Thema ist: »Hausaufgaben für den nächsten Tag«. Ihr Kind hat fünf Minuten Zeit, um alles aufzuschreiben oder zu zeichnen, was es mit diesem Thema verbindet.

Zum Nachschlagen

Auflösungen

Detektivisch, Seite 79

Wirrgarten, Seite 79

Die Ziffern und zugehörigen Buchstaben in der richtigen Reihenfolge lauten:

1 – H	2 – C
3 – E	4 – B
5 – A	6 – I
7 – J	8 – G
9 – F	10 – D

Finde die Telefonnummer!, Seite 80 oben

987989238472347203847230948723048234823
845214021384507345239238472347203847230
948723048234823845214021384507345239
52935720952935474782952452838134724765
74208734027305623029923847263923847234
72038472309487230482348238452140213864
50734523952935720472038472309487230482
34782947234782947230948723048234823845
21402138450734523952935720823845292384
72634720386476230948723048234823845214
02138450734523952935720140213845073452
39529357204782920938523560987019234709
12356109237410958610360184720956653438

Ordnung muss sein, Seite 81

Die Ausschnitte haben folgende Koordinaten (von oben nach unten):

1 – 3D	2 – 2E
3 – 6B	4 – 1D
5 – 7F	6 – 6C

Wahrnehmungstäuschungen, Seite 82

Bitte nachmessen und prüfen:

- **Bild oben links:**
Die beiden Linien sind parallel und nicht gebogen, wie man glaubt.
- **Bild unten links:**
Beide Linien sind gleich lang.

▶ **Bild oben rechts:**
Der Punkt befindet sich genau in der Mitte zwischen Spitze und Basis (nicht näher an der Spitze, wie man zu sehen meint).
▶ **Bild unten rechts:**
Beide Punkte sind exakt gleich groß.

Kippbilder, Seite 83

▶ **Bild links unten:**
Treppe unten / Treppe an der Decke hängend
▶ **Bild rechts unten:**
Hase / Ente
▶ **Bild rechts oben:**
Alte Frau / junge Frau

Quadrate zählen, Seite 86

Es sind insgesamt 35 Quadrate versteckt.

Knobelei rund um den Kaffeeplatz, Seite 86

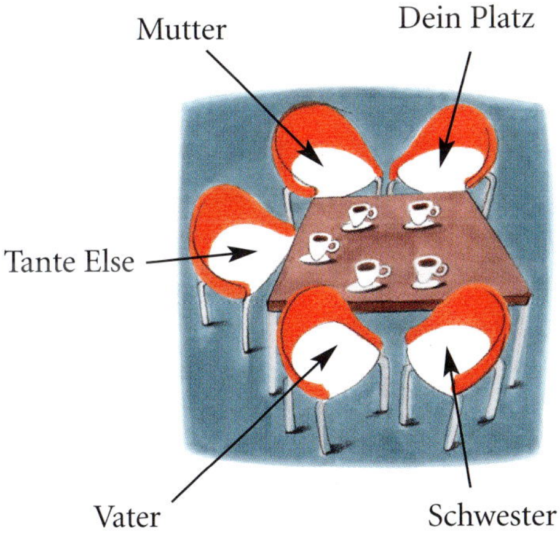

Lustige Zahlenrätsel, Seite 87

▶ Wenn man die Zahl auf dem Taschenrechner eintippt und ihn so umdreht, dass man die Anzeige auf dem Kopf stehend liest, liest man – ziemlich deutlich – das Wort »LIEBE«.
▶ Fangfrage: ebenso lange wie einer.
▶ Auf der Uhr.
▶ 11
▶ 65

Anspruchsvollere Zahlenspiele, Seite 87

= 18 (×3, −3, ×3, −3)
= 21 (+2, +3, +4, +5)
= 3 (stets ÷3)
= −4 (−12, ÷3, −12, ÷3, −12)

Für schnelle Rechner, Seite 88

3573924093482034293482015732823
0352308236263480255647483483013
473423012390562393**85**6**58**38923563
478014**85**61134293482015732823035
2308236263480255647483483013473
4230123907712035**67**3923872301928
3744565130292392836501338291562
393**85**6**58**389235634780145**58**113429
3482015732823035230823626348025
564748348301562393**85**6**58**38923563
562393**85**6**58**3892356347801 4**85**2113
4293482015732823035230823626348
0255647483483013473423012390747
80144**58**113429348201573282303523
0823626348025564748348301347342
30123907347342301239071203 5**67**39

Lesespiel für Anfänger, Seite 95

Die Lösungswörter sind:
Wurstzipfel, Kuhstall, Schlafsack

Stolperwörtertest, Seite 95

- Mein Opa **geht** kommt heute zu Besuch.
- Auf Omas Haar sitzt eine **summt** Biene.
- Möchtest **süß** du Limonade trinken?
- Nächste Woche **bald** gehen wir in den Zoo.

Verlorene Buchstaben, Seite 95

Der vollständige Text lautet so:

HOCH OBEN

Wenn du mal über die Felder gehst,
nach oben schaust und still dann stehst,
wenn du aus einem Wald heraus
auf einsames Wiesengelände schaust,
dann kannst du diesen Vogel erleben,
er wird über dir durch den Himmel schweben;
in ruhigen Kreisen fliegt er dahin,
du blickst ihm nach und fragst nach dem Sinn.
Der braune Vogel sagt es dir nicht,
du bist für ihn nur ein Erdenwicht.

Unten ohne, Seite 96

Wer erst in saure Äpfel biss
und dann in einen süßen,
der wird den süßen ganz gewiss
dann doppelt froh genießen.
Doch wer in süße Äpfel biss
und dann in einen herben,
dem wird der herbe ganz gewiss
die ganze Freud verderben.

Versteckte Worte finden, Seite 96

RABE RABE RABE RABE RABE RABE RABE RABE RABE RABE RABE
RABE RABE RABE RABE RABE RABE RABE RABE RABE RABE RABE
RABE RABE RABE RABE RABE RABE RABE RABE RABE RABE RABE
RABE RABE RABE RABE RABE RABE RABE RABE RABE RABE RABE
RABE RABE RABE RABE RABE RABE RABE RABE RABE RABE RABE
RABE RABE RABE RABE RABE RABE RABE RABE RABE RABE RABE
RABE RABE RABE RABE RABE RABE RABE RABE RABE RABE RABE
RABE RABE RABE RABE RABE RABE RABE RABE **GABE** RABE RABE
RABE RABE RABE RABE RABE RABE RABE RABE RABE RABE RABE
RABE RABE RABE RABE RABE RABE RABE RABE RABE RABE RABE

RASEN RASEN RASEN RASEN RASEN RASEN
RASEN RASEN RASEN RASEN RASEN RASEN
HASEN RASEN RASEN RASEN **HASEN** RASEN
RASEN RASEN RASEN RASEN RASEN RASEN
RASEN **HASEN** RASEN RASEN RASEN RASEN
RASEN RASEN **HASEN** RASEN RASEN RASEN
RASEN RASEN RASEN RASEN RASEN RASEN
RASEN **HASEN** RASEN RASEN RASEN RASEN
RASEN RASEN RASEN RASEN RASEN RASEN
RASEN RASEN **HASEN** RASEN RASEN RASEN
RASEN RASEN RASEN RASEN RASEN RASEN
RASEN RASEN RASEN RASEN RASEN RASEN
RASEN RASEN RASEN RASEN RASEN **HASEN**

Silben-Salat, Seite 97

König, Apfel, Biene, Torte,
Blume, Vogel, Gabel, Nase,
Finger, Vater, Tanne, Boden,
Balkon, Bruder, malen,
Papier, Himmel, Ampel,
Honig, Garten, Wasser

Schlamperei!, Seite 97

K	M	Z	M	T	U	R	E	S	Q	W	N	X	C	G	D	Z	E	R	I	O	Y	A	T	E	R	L	K	O	E
R	M	L	O	A	Z	R	E	W	C	N	M	O	Z	U	X	F	D	E	R	T	Q	A	W	S	E	D	R	F	T
G	Z	I	U	P	T	O	L	P	Ö	Ü	M	K	L	E	B	S	T	O	F	F	D	X	S	Y	A	Q	W	E	K
D	R	N	T	G	Z	H	J	I	K	O	L	P	Ö	Ü	M	K	J	H	U	U	Z	T	R	E	W	D	A	S	Y
V	F	E	K	I	U	Z	E	F	D	C	F	T	B	H	N	M	I	U	Z	T	R	S	Y	W	A	Q	R	E	T
D	E	A	T	Z	Z	U	H	B	T	R	F	V	C	D	E	W	S	C	V	G	Z	U	J	N	H	G	B	F	L
R	D	L	W	V	C	D	E	F	U	T	H	Z	S	C	H	R	E	I	B	H	E	F	T	I	K	H	Z	G	N
G	J	K	L	I	U	G	H	T	F	S	C	S	W	B	N	H	G	F	T	R	D	R	S	E	S	V	N	M	F
K	U	T	E	S	H	P	L	O	U	Z	R	H	W	F	G	Z	T	R	E	N	B	V	G	R	E	W	S	C	V
B	H	U	Z	T	R	E	M	J	K	O	I	U	Z	H	F	T	N	E	H	C	P	P	Ä	M	H	B	V	G	F

Wörter zählen, Seite 98

Mond kommt 7-mal vor
Mars kommt 6-mal vor

Wortschlange, Seite 98

Die Wortschlange enthält:
Essen – Nacht – Rad – Finger – Zahn – Haus – Auto

Akronyme, Seite 110

ARD: Arbeitsgemeinschaft der öffentlich-rechtlichen Rundfunkanstalten der Bundesrepublik Deutschland
Unimog: universales Motorgerät

TIPP!

Gedächtnistraining für Kinder

Und: Wie geübt ist das Gedächtnis Ihres Kindes? Egal, ob es schon sehr gut ist oder ob noch ein wenig Nachholbedarf besteht: Zum Üben besteht immer Anlass. Denn Gedächtnistraining hilft nicht nur im Unterricht, es macht auch Spaß.
Einer der Autoren, Klaus Kolb, veranstaltet seit 1998 jährlich die Deutsche Junioren-Gedächtnismeisterschaft für Kinder und Jugendliche. In diesem Buch können Sie viele Gedächtnistricks lernen, die auch Bestandteil des Wettbewerbs sind. Die jüngsten Teilnehmer sind acht Jahre alt. Sie messen ihre Gedächtnisleistungen mit ähnlichen Übungen wie im Test auf Seite 34: Die jüngeren Kinder merken sich mit ein wenig Übung in nur fünf Minuten etwa 20 bis 30 Ziffern, die geübteren in der gleichen Zeit mehr als 100 Ziffern!
Die deutsche Meisterin in diesem so genannten Zahlensprint merkt sich sage und schreibe 240 Ziffern in nur fünf Minuten. Mehr über den Gedächtnistest siehe unter Adressen im Internet, Seite 125.

Bücher, die weiterhelfen

Aust-Claus, E. / Hammer, P.-M., *Auch das Lernen kann man lernen*; Oberstebrink, Ratingen

Birkenbihl, V. F., *Trotz Schule lernen*; mvg Verlag, München

Kaniak-Urban, Dr. C. / Schlamp, K., *Mit Spaß und Erfolg durch die Grundschule;* Urania, Ravensburger Verlag, Berlin

Koneberg, L. / Förder, G., *Kinesiologie für Kinder*; Gräfe und Unzer Verlag, München

Leitner, S., *So lernt man lernen*; Herder Spektrum, Freiburg i. Br.

Kunze, P. / Salamander, C., *Die schönsten Rituale für Kinder* und *Kinder fördern im Alltag*; Gräfe und Unzer Verlag, München

Sattler, J. B., *Das linkshändige Kind in der Grundschule*; Auer Verlag

Schmidt, S., *Nie mehr Schulstress – Hilfe mit Bach-Blüten und Homöopathie*; Gräfe und Unzer Verlag, München

Spitzer, M., *Lernen*; Spektrum Akademischer Verlag, Heidelberg

Stamer-Brandt, P. / Murphy-Witt, M., *Das Erziehungs-ABC: Von Angst bis Zorn*; Gräfe und Unzer Verlag, München

Zimmermann, Dr. M., *Kinder spielerisch zur Ruhe führen*; Gräfe und Unzer Verlag, München

Weitere Ratgeber zum Thema Mentaltechniken

Kolb, K. / Miltner, F., *Gedächtnistraining*; Gräfe und Unzer Verlag, München

Schwebke, Dr. med. F., *Der Weg zum Superhirn*; Gräfe und Unzer Verlag, München

Literatur zum Gedächtnistraining für Kinder

Diverse Autoren: *Fit in 30 Minuten* (Einzeltitel zu den Themen *Konzentration, Lernspaß, Mind-Mapping, Motivation, Power-Gedächtnistraining, Selbstbewusstsein, Zeitmanagement*); Gabal Verlag, Offenbach

Lernhefte für Grundschulkinder (verschiedene Reihen); zum Beispiel vom Tessloff Verlag, Gondolino Verlag, Loewe Verlag, Xenos Verlag, Ravensburger Verlag

Adressen, die weiterhelfen

Erziehungsberatungsstellen, bei denen Sie auch Auskunft zu Lernfragen bekommen können, finden Sie im Telefonbuch, bei Ihrer Gemeinde oder Stadt. Es empfiehlt sich immer auch ein Gespräch mit dem zuständigen Lehrer. Folgende Adressen können außerdem hilfreich sein:

Arbeitskreis überaktives Kind e. V. (BV AÜK)
Postfach 41 07 24
12117 Berlin

Beratungs- und Informationsstelle für Linkshänder und umgeschulte Linkshänder
Sendlinger Straße 17
80331 München

Bundesverband Aufmerksamkeitsstörung/Hyperaktivität
Postfach 60
91291 Forchheim

Bundesverband Legasthenie
Königstr. 32
30175 Hannover

Fachverband für integrative Lerntherapie e. V.
Johannisstr. 69
49074 Osnabrück

Initiative zur Förderung rechenschwacher Kinder (IFRK) e. V.
Höhenstr. 20
75239 Eisingen (Baden)

Österreich

Bundesministerium für Bildung, Wissenschaft und Kultur.
(Schulpsychologie-/Bildungsberatung)
Minoritenplatz 5
1014 Wien
www.bmbwk.gv.at

Schweiz

SVEO Schweizerische Vereinigung der Elternorganisationen
Fliederstrasse 9
8908 Hedingen
www.sveo.rat.ch

Hilfreiche Adressen im Internet

Bildung online
www.b-o.de
Materialien und Software für Unterricht und Erwachsenenbildung.

Deutscher Bildungsserver
www.dbs.schule.de
Sehr umfangreiche Seiten für Eltern und Schüler zu den Themen Schule, Bildung, Wissenschaft und Pädagogik.

Junioren-Gedächtnismeisterschaft
www.memoriade.net
Informationen zu Gedächtnismeisterschaften für Kinder und Jugendliche.

Kindermuseen, das Verzeichnis
www.bv-kindermuseum.de
Auflistung sämtlicher Kinder- und Jugendmuseen in Deutschland.

Lernförderung
www.lernfoerderung.de
Informationen rund um die Themen Lernen, Einschulung, Nachhilfe, Hochbegabung und Beratung.

Linkshänderinfos
www.linkshaender-beratung.de
Deutsche Beratungs- und Informationsstelle für Linkshänder und umgeschulte Linkshänder.

www.linkshaenderseite.de
Informationen, Tipps, Tricks, Hilfen und Adressen für Linkshänder.

Schule im Netz
www.schule-im-Netz
Informationen rund um die Schule mit vielen kommentierten Links.

Schulweb Schweiz
www.schulweb.ch
Informationen rund um Schule, Bildung, Schweizer Schulsystem.

Schweizerischer Bildungsserver
www.educa.ch
Gesamtdarstellung des Bildungssystems in der Schweiz vom Kindergarten bis zur Erwachsenenbildung.

Internetangebote für Kinder

www.dji.de/www-kinderseiten
Zahlreiche Websites für Kinder, nach unterschiedlichen Kriterien bewertet. Verschafft Eltern einen guten Überblick über geeignete Kinderangebote.

www.fliegmalweg.de
Pädagogisch gut aufbereitete Webseite für vielseitig interessierte Kinder (mit Email-Freundschaften, Chat und dem Angebot von Rundreisen im Netz).

www.blinde-kuh.de
Gute Seite für jüngere Kinder, um sicher im Internet zu surfen; sicher und pädagogisch sehr gut aufbereitet, moderierte Kommunikationsangebote.

www.terzio.de/loewenzahn
Seite zur bekannten Kinderserie im ZDF.

www.pokemon.de
Neben Spielen, Aufklebern und Wettbewerben sind auch die dazugehörigen Computerspiele beschrieben.

www.nintendo.de
aufwendige Webseite für Computerspielfans.

www.kindersache.de
Seite vom Kinderhilfswerk mit Informationen um Kinderrechte und -politik.

www.geo.de/geoline
Seite der Naturzeitschrift für Kinder; Informationen zu Natur, Umwelt, Technik und Gesellschaft.

www.autolernwerkstadt.de
Verkehrserziehung kinderfreundlich und verständlich dargestellt.

www.disney.de
Alles rund um die Disneyfiguren.

www.schuelerweb.de
Wichtig für Schüler: Enthält Referate und Hausarbeiten, Lexika und hilfreiche Links.

www.kidsville.de
Übersichtliches und kindgerechtes Angebot für Kinder, die gern malen und schreiben. Mit vielen Informationen über Kinder in anderen Ländern.

Register

Dank

Wir danken ganz herzlich den vielen Personen, die uns geholfen haben, dieses Buch zu verfassen. Namentlich erwähnt seien hier besonders Susanne Bloch, Hermann Merath, Werner Siefer und Katja Ziegler. Wir danken auch vielen anderen Buchautoren und Experten, deren praktische Erfahrung wir gerne in diesen Ratgeber mit aufgenommen haben.
Ein besonderer Dank gilt dem Verlag Gräfe und Unzer und speziell Reinhard Brendli, der viel Geduld mit uns bewiesen hat. Nicht entstanden wäre dieses Buch ohne die Rückendeckung und das Verständnis unserer Lebenspartner Daniela und Viola und unsere Kinder Leon und Josua – auch wenn die beiden Letztgenannten in der heißen Phase erfahren mussten, was es heißt, wenn manche Ratschläge aus diesem Buch von einem Elternteil nicht ernst genommen werden. Sie mögen verzeihen.

Das Original mit Garantie

Ihre Meinung ist uns wichtig. Deshalb möchten wir Ihre Kritik, gerne aber auch Ihr Lob erfahren. Um als führender Ratgeberverlag für Sie noch besser zu werden. Darum: Schreiben Sie uns! Wir freuen uns auf Ihre Post und wünschen Ihnen viel Spaß mit Ihrem GU-Ratgeber.

Unsere Garantie: Sollte ein GU-Ratgeber einmal einen Fehler enthalten, schicken Sie uns das Buch mit einem kleinen Hinweis und der Quittung innerhalb von sechs Monaten nach dem Kauf zurück. Wir tauschen Ihnen den GU-Ratgeber gegen einen anderen zum gleichen oder einem ähnlichen Thema um.

Ihr Gräfe und Unzer Verlag
Redaktion Gesundheit
Postfach 86 03 25
81630 München
Fax: 089/4 19 81-113
E-Mail: leserservice@ graefe-und-unzer.de

Impressum

Redaktion: Reinhard Brendli
Lektorat: Ina Raki
Illustrationen: Michael Luz
Umschlaggestaltung: independent Medien-Design
Innenlayout: Heinz Kraxenberger
Herstellung: Petra Roth
Satz: Knipping Werbung GmbH, München
Lithos: Repro Ludwig, Zell am See
Druck: Appl, Wemding
Bindung: Sellier, Freising

Rätselgedicht auf Seite 95 unten rechts von Marie Winkel, www.lyrikkasten.de

ISBN 3-7742-6034-6
Auflage:

5.	4.	3.	2.	1.
2007	2006	2005	2004	2003

Fotos: Antje Anders: S. 26; Corbis: vordere Umschlagseite, S. 3, 4, 21, 49, 58, 60, 63, 64, 66, 71, 72; Christian Dahl: S. 38 (Nr. 1, 7); gettyimages: S. 2 (oben), 6, 9, 22, 25, 28; Andreas Hosch: S. 32 (Nr. 10); IFA. S. 17; Jako-o, Rodach: S. 42, 44; Reiner Kaltenbach: S. 35 (Nr. 3); Kinder- und Jugendmuseum, München: S. 19; Michael Leis: S. 35 (Nr. 2); Christine Losta: S. 35 (Nr. 6, 9); Mauritius: S. 2 (unten), 10, 38, 51; Moll GmbH, Gruibingen: S. 41; Nicolas Olonetzky: S. 35 (Nr. 5); Anna Peisl: S. 56, 75, 77, 94; Reiner Schmitz: S. 67; Christof Schneider: S. 35 (Nr. 8); Christof Stiefer: S. 35 (Nr. 4); Stock Food: S. 68; Alexander Walter: S. 55. Imagebank: Umschlag hinten

Umwelthinweis: Dieses Buch wurde auf chlorfrei gebleichtem Papier gedruckt. Um Rohstoffe zu sparen, haben wir auf Folienverpackung verzichtet.

Die **GU-Homepage** finden Sie im Internet unter **www.gu-online.de**

GRÄFE UND UNZER

Ein Unternehmen der
GANSKE VERLAGSGRUPPE

Wichtige Hinweise

Die Inhalte dieses Buches wurden äußerst sorgfältig recherchiert und geprüft. Dennoch können nur Sie selbst entscheiden, ob die hier geäußerten Vorschläge und Ansichten auf Ihre eigene Lebenssituation übertragbar und für Sie persönlich passend und hilfreich sind. Weder die Autoren noch der Verlag können für eventuelle Nachteile oder Schäden, die aus den im Buch gegebenen praktischen Hinweisen resultieren, eine Haftung übernehmen. Für eine bessere Lesbarkeit sehen wir in den meisten Fällen von der Erwähnung beider Geschlechterformen (zum Beispiel Lehrer/-in, Schüler/-in) ab. Dies beinhaltet in keiner Weise eine Wertung.